星ひとみの天星術 2024

地球グループ

大陸

CONTINENT

Star Eyes

HITOMI HOSHI

Happy Message

やめたら終わってしまうけど
諦めなければ終わらない

誰に何を言われても

あなたが胸を張ったのなら
あなたが立ち上がったのなら

自信がなくたって"大丈夫"

もう一度
真っ直ぐなエネルギー

それは
希望となりチャンスに変わる

怖がらず
それをゆっくりつかめばいい

ときにプライドが邪魔をして
素直になれず
誤解されてしまうこともある

試練を乗り越えるまで
戦う星が奥底にある

負けたくない
と力まずに

出来ないことは頼ってもいい

ときに甘えて
ちゃんと人を頼れるように

あなたに情熱があるのなら
あなたが楽しめるのなら

それをゆっくり続けてみる

何も見つからないのなら
もう一度作り出せばいい

今日も"大丈夫"

さあ一緒にスタート

PROLOGUE

★ はじめに ★

皆様こんにちは、星ひとみです。

『星ひとみの天星術2024』を手にしていただき
またお会いできたことをうれしく思います。

この時代に皆様と出会い
天星術を通じ、つながることができた今に
心から感謝いたします。

この1年があっという間に過ぎたように感じた方も
逆に長かったなと感じた方もいるでしょう。

人生を満喫するために、生きるために。

笑ったり、怒ったり
挑戦したり、悩んだり。

なぜ自分だけがこのような目に遭うのかと
ときに苦しみ、前に進めなかった人も――。

心、生き方、歩む道のり。
人生に決めつけはなく
災いは回避し
苦しみは手放すことができる――。
私はそう信じています。
そして
あなたを照らす“光”はちゃんとある。

昨年に続き今年も、少しでも皆様の支えとなれるように
長い時間をかけて仕上げさせていただきました。

私のオリジナル鑑定法の「天星術」にも
生命の“光”が宿り
毎年少しずつ、ゆっくりと成長し、時代に合わせ、
私たちと一緒に動いています。

自分はダメだと決めつける必要はなく、
“影”や“リセット”の月でも、怖がる必要はありません。

自分の運命、
自分のリズム。

そして“光と影”。

あなたの今がどんな流れ《リズム》なのかを読みとり
一緒に進んでいきましょう。
私たちは生まれた瞬間に、星と光のエネルギーを受けて
それぞれの流れ《リズム》を授かります。

エネルギーは、月、地球、太陽の3つの天室に分かれ
「天星術」では、1つの天室を、さらに4つの天星に分けて見ています。

月グループは、満月、上弦の月、下弦の月、新月。
地球グループは、空、山脈、大陸、海。
太陽グループは、朝日、真昼、夕焼け、深夜。

天星には、それぞれナンバーがあり、あなたの星を知ることができます。
また、あなたの生まれた年で、運気が「赤」と「白」に分かれ、
2024年は、さらに深く運気を知ることができます。

中身を少し具体的に紹介しますと、
まずは、あなたの性格についての最新版トリセツ。
開運キーワード、12天星別の相性をお伝えするページから始まります。

次に、1年間という大きな視点で捉えた、2024年の運気や、
グラフで示した運気バイオリズム、
月ごとの開運メッセージと開運行動、天星ナンバー別の「赤」と「白」に分かれたお言葉、
さらに運気を、1日1日という点で捉えた毎日のメッセージがあります。

特に、全部で12ある天星をさらに細かく見て、
今年、今月のあなたがどんなリズムをもっているのか、
皆様の天星ナンバーの「赤」と「白」別に占っておりますので、
【2024年 天星ナンバー別の運気】【天星ナンバー別 今月のお言葉】に、
注目してみてください。

このように、あらゆる角度から運気を読むことで、
「今がどんな時期か——光なのか影なのか」「どんなことをすると幸せを感じられるか」
また「どんなことに気をつけたら不運を回避できるか」を分析することができます。

どこを読んでも、人生の“今”のヒントとなる言葉に出会えますように。

後半ページでは、「他の天星のプロフィール」も載せています。
自分を知り、相手を理解できたとき、素晴らしい関係となれるように
家族、お友達、仕事仲間、そして気になる人との付き合い方の参考にしてください。
まずは難しく考えず、肩の力を抜いてみましょう。

誰もが幸せになるチャンスがあります。
決して諦めなくていい。

あなたが幸せになるための
“キッカケ”となれたなら幸いです。

12天星別『星ひとみの天星術2024』
今日からあなたのお守りに。

皆様の1年が幸運の光につつまれますように。

自分を知り
今のリズムを知る
あなたの心に光を

天のエネルギー
星のエネルギーを“贈り”ます。

“あなたは大丈夫”

星ひとみ

CONTENTS

ASTROLOGY

天星術について

★ ★ ★

「天星術」は、中国に古くから伝わる東洋占星術をベースに、
さまざまな統計学や人間科学、心理的要素などを取り入れて作り上げた、
星ひとみによるオリジナル鑑定方法です。
時代とともに変化する“今”に合わせ、
進化させるべく研究を続けてきました。
生まれた日のエネルギーが、
月、地球、太陽のどのエネルギーの影響を受けているのか。
みなさんのエネルギーは、3つの天室に分かれ、
さらに4つの時星に導かれ、12の天星タイプとなっていきます。
「天星術」で読み解いていくことで、
過去にどんなことがあったのか、現在はどんな状況か、
そして未来がどうなっていくのかがわかります。
ただし大切なのは、**「天星術」は決して決めつけではない占術**である、ということ。
道がないことがわかれば、創ればいい。
壁にぶつかってしまうとわかれば、回避すればいい。
また、「天星術」は光と影、そのどちらも内包するもの。
光として出たのか、影として出たのか、
それを読みとれれば、自ら変えていくことができます。
失敗と感じても、
それは**未来に訪れる成功のために必要な失敗だった**、ということも。

未来をよりよくするために、占いをどう捉えて、どう動くのか。
あなたの心のもち方によって好転させることができる、
それが「天星術」です。

天星術
GROUP

月
グループ

- 満月
- 上弦の月
- 下弦の月
- 新月

地球
グループ

- 空
- 山脈
- 大陸
- 海

太陽
グループ

- 朝日
- 真昼
- 夕焼け
- 深夜

HOW TO

あなたの天星の見つけかた

★★★

1

P.015から始まる 生年月表 を見て、
あなたの生まれた年と月が交わる数字を
探してください。

↓

2

その数字に、生まれた日の数字を足してください。
その数字があなたの 天星ナンバー です。

※合計した数字が61以上になる場合は、その数字から60を引いたものが天星ナンバーになります。

↓

3

P.014の 天星ナンバー対応表 を参照して、
天星を見つけてください。

↓

4

生まれ年(西暦)の下ひとけたが
偶数か奇数かを見て、赤か白かを確認します。

例

1995年4月20日生まれの場合

[生年月表]で1995年と4月が交わる数字は「58」。
「58」に生まれた日の「20」を足して「78」。
61以上になるので、60を引くと「18」。
[天星ナンバー対応表]を参照すると、「18」の天星は「夕焼け」。
生まれ年(西暦)の下ひとけたが奇数なので、「白」。

こちらでも！

CHECK!

あなたの天星は？

★ ★ ★

LINK

1

生まれた年 ＿＿＿＿ 年と
生まれた月 ＿＿＿＿ 月が
生年月表 で交わる数字

LINK

2

❶ で出した数字 ＋ 生まれた日の数字 ＝ 天星ナンバー

61以上の場合は、60を引いて

LINK

3

天星ナンバー対応表 によると

あなたの天星は ＿＿ の ☆

例えば 「夕焼け」 の 「18」

LINK

4

生まれ年の下ひとけたが
偶数 ⋯> 赤
奇数 ⋯> 白

あなたは ＿＿ の ☆ の ⬡ です。

例えば 「夕焼け」 の 「18」 の 「白」

★ 天星ナンバー対応表 ★

天星ナンバーも覚えておこう!

月グループ MOON	満月	4 10 33 39 45
	上弦の月	11 17 32 38
	下弦の月	2 3 8 41 47
	新月	14 20 23 26 29 36
地球グループ EARTH	空	6 43 49 54 55 60
	山脈	9 15 16 34 40 46
	大陸	1 5 50 53 56 59
	海	51 52 57 58
太陽グループ SUN	朝日	21 22 27 28
	真昼	7 42 44 48
	夕焼け	12 18 31 37
	深夜	13 19 24 25 30 35

★ 生年月表 ★

生まれ年	和暦	干支	1月	2月	3月	4月	5月	6月	7月	8月	9月	10月	11月	12月
1920	T9	申	54	25	54	25	55	26	56	27	58	28	59	29
1921	T10	酉	0	31	59	30	0	31	1	32	3	33	4	34
1922	T11	戌	5	36	4	35	5	36	6	37	8	38	9	39
1923	T12	亥	10	41	9	40	10	41	11	42	13	43	14	44
1924	T13	子	15	46	15	46	16	47	17	48	19	49	20	50
1925	T14	丑	21	52	20	51	21	52	22	53	24	54	25	55
1926	T15/S1	寅	26	57	25	56	26	57	27	58	29	59	30	0
1927	S2	卯	31	2	30	1	31	2	32	3	34	4	35	5

★ 生年月表 ★

生まれ年	和暦	干支	1月	2月	3月	4月	5月	6月	7月	8月	9月	10月	11月	12月
1928	S3	辰	36	7	36	7	37	8	38	9	40	10	41	11
1929	S4	巳	42	13	41	12	42	13	43	14	45	15	46	16
1930	S5	午	47	18	46	17	47	18	48	19	50	20	51	21
1931	S6	未	52	23	51	22	52	23	53	24	55	25	56	26
1932	S7	申	57	28	57	28	58	29	59	30	1	31	2	32
1933	S8	酉	3	34	2	33	3	34	4	35	6	36	7	37
1934	S9	戌	8	39	7	38	8	39	9	40	11	41	12	42
1935	S10	亥	13	44	12	43	13	44	14	45	16	46	17	47
1936	S11	子	18	49	18	49	19	50	20	51	22	52	23	53
1937	S12	丑	24	55	23	54	24	55	25	56	27	57	28	58

★ 生年月表 ★

生まれ年	和暦	干支	1月	2月	3月	4月	5月	6月	7月	8月	9月	10月	11月	12月
1938	S13	寅	29	0	28	59	29	0	30	1	32	2	33	3
1939	S14	卯	34	5	33	4	34	5	35	6	37	7	38	8
1940	S15	辰	39	10	39	10	40	11	41	12	43	13	44	14
1941	S16	巳	45	16	44	15	45	16	46	17	48	18	49	19
1942	S17	午	50	21	49	20	50	21	51	22	53	23	54	24
1943	S18	未	55	26	54	25	55	26	56	27	58	28	59	29
1944	S19	申	0	31	0	31	1	32	2	33	4	34	5	35
1945	S20	酉	6	37	5	36	6	37	7	38	9	39	10	40
1946	S21	戌	11	42	10	41	11	42	12	43	14	44	15	45
1947	S22	亥	16	47	15	46	16	47	17	48	19	49	20	50

★ 生年月表 ★

生まれ年	和暦	干支	1月	2月	3月	4月	5月	6月	7月	8月	9月	10月	11月	12月
1948	S23	子	21	52	21	52	22	53	23	54	25	55	26	56
1949	S24	丑	27	58	26	57	27	58	28	59	30	0	31	1
1950	S25	寅	32	3	31	2	32	3	33	4	35	5	36	6
1951	S26	卯	37	8	36	7	37	8	38	9	40	10	41	11
1952	S27	辰	42	13	42	13	43	14	44	15	46	16	47	17
1953	S28	巳	48	19	47	18	48	19	49	20	51	21	52	22
1954	S29	午	53	24	52	23	53	24	54	25	56	26	57	27
1955	S30	未	58	29	57	28	58	29	59	30	1	31	2	32
1956	S31	申	3	34	3	34	4	35	5	36	7	37	8	38
1957	S32	酉	9	40	8	39	9	40	10	41	12	42	13	43

★ 生年月表 ★

生まれ年	和暦	干支	1月	2月	3月	4月	5月	6月	7月	8月	9月	10月	11月	12月
1958	S33	戌	14	45	13	44	14	45	15	46	17	47	18	48
1959	S34	亥	19	50	18	49	19	50	20	51	22	52	23	53
1960	S35	子	24	55	24	55	25	56	26	57	28	58	29	59
1961	S36	丑	30	1	29	0	30	1	31	2	33	3	34	4
1962	S37	寅	35	6	34	5	35	6	36	7	38	8	39	9
1963	S38	卯	40	11	39	10	40	11	41	12	43	13	44	14
1964	S39	辰	45	16	45	16	46	17	47	18	49	19	50	20
1965	S40	巳	51	22	50	21	51	22	52	23	54	24	55	25
1966	S41	午	56	27	55	26	56	27	57	28	59	29	0	30
1967	S42	未	1	32	0	31	1	32	2	33	4	34	5	35

★生年月表★

生まれ年	和暦	干支	1月	2月	3月	4月	5月	6月	7月	8月	9月	10月	11月	12月
1968	S43	申	6	37	6	37	7	38	8	39	10	40	11	41
1969	S44	酉	12	43	11	42	12	43	13	44	15	45	16	46
1970	S45	戌	17	48	16	47	17	48	18	49	20	50	21	51
1971	S46	亥	22	53	21	52	22	53	23	54	25	55	26	56
1972	S47	子	27	58	27	58	28	59	29	0	31	1	32	2
1973	S48	丑	33	4	32	3	33	4	34	5	36	6	37	7
1974	S49	寅	38	9	37	8	38	9	39	10	41	11	42	12
1975	S50	卯	43	14	42	13	43	14	44	15	46	16	47	17
1976	S51	辰	48	19	48	19	49	20	50	21	52	22	53	23
1977	S52	巳	54	25	53	24	54	25	55	26	57	27	58	28

★ 生年月表 ★

生まれ年	和暦	干支	1月	2月	3月	4月	5月	6月	7月	8月	9月	10月	11月	12月
1978	S53	午	59	30	58	29	59	30	0	31	2	32	3	33
1979	S54	未	4	35	3	34	4	35	5	36	7	37	8	38
1980	S55	申	9	40	9	40	10	41	11	42	13	43	14	44
1981	S56	酉	15	46	14	45	15	46	16	47	18	48	19	49
1982	S57	戌	20	51	19	50	20	51	21	52	23	53	24	54
1983	S58	亥	25	56	24	55	25	56	26	57	28	58	29	59
1984	S59	子	30	1	30	1	31	2	32	3	34	4	35	5
1985	S60	丑	36	7	35	6	36	7	37	8	39	9	40	10
1986	S61	寅	41	12	40	11	41	12	42	13	44	14	45	15
1987	S62	卯	46	17	45	16	46	17	47	18	49	19	50	20

★ 生年月表 ★

生まれ年	和暦	干支	1月	2月	3月	4月	5月	6月	7月	8月	9月	10月	11月	12月
1988	S63	辰	51	22	51	22	52	23	53	24	55	25	56	26
1989	S64/H1	巳	57	28	56	27	57	28	58	29	0	30	1	31
1990	H2	午	2	33	1	32	2	33	3	34	5	35	6	36
1991	H3	未	7	38	6	37	7	38	8	39	10	40	11	41
1992	H4	申	12	43	12	43	13	44	14	45	16	46	17	47
1993	H5	酉	18	49	17	48	18	49	19	50	21	51	22	52
1994	H6	戌	23	54	22	53	23	54	24	55	26	56	27	57
1995	H7	亥	28	59	27	58	28	59	29	0	31	1	32	2
1996	H8	子	33	4	33	4	34	5	35	6	37	7	38	8
1997	H9	丑	39	10	38	9	39	10	40	11	42	12	43	13

★ 生年月表 ★

生まれ年	和暦	干支	1月	2月	3月	4月	5月	6月	7月	8月	9月	10月	11月	12月
1998	H10	寅	44	15	43	14	44	15	45	16	47	17	48	18
1999	H11	卯	49	20	48	19	49	20	50	21	52	22	53	23
2000	H12	辰	54	25	54	25	55	26	56	27	58	28	59	29
2001	H13	巳	0	31	59	30	0	31	1	32	3	33	4	34
2002	H14	午	5	36	4	35	5	36	6	37	8	38	9	39
2003	H15	未	10	41	9	40	10	41	11	42	13	43	14	44
2004	H16	申	15	46	15	46	16	47	17	48	19	49	20	50
2005	H17	酉	21	52	20	51	21	52	22	53	24	54	25	55
2006	H18	戌	26	57	25	56	26	57	27	58	29	59	30	0
2007	H19	亥	31	2	30	1	31	2	32	3	34	4	35	5

★ 生年月表 ★

生まれ年	和暦	干支	1月	2月	3月	4月	5月	6月	7月	8月	9月	10月	11月	12月
2008	H20	子	36	7	36	7	37	8	38	9	40	10	41	11
2009	H21	丑	42	13	41	12	42	13	43	14	45	15	46	16
2010	H22	寅	47	18	46	17	47	18	48	19	50	20	51	21
2011	H23	卯	52	23	51	22	52	23	53	24	55	25	56	26
2012	H24	辰	57	28	57	28	58	29	59	30	1	31	2	32
2013	H25	巳	3	34	2	33	3	34	4	35	6	36	7	37
2014	H26	午	8	39	7	38	8	39	9	40	11	41	12	42
2015	H27	未	13	44	12	43	13	44	14	45	16	46	17	47
2016	H28	申	18	49	18	49	19	50	20	51	22	52	23	53
2017	H29	酉	24	55	23	54	24	55	25	56	27	57	28	58

★ 生年月表 ★

生まれ年	和暦	干支	1月	2月	3月	4月	5月	6月	7月	8月	9月	10月	11月	12月
2018	H30	戌	29	0	28	59	29	0	30	1	32	2	33	3
2019	H31/R1	亥	34	5	33	4	34	5	35	6	37	7	38	8
2020	R2	子	39	10	39	10	40	11	41	12	43	13	44	14
2021	R3	丑	45	16	44	15	45	16	46	17	48	18	49	19
2022	R4	寅	50	21	49	20	50	21	51	22	53	23	54	24
2023	R5	卯	55	26	54	25	55	26	56	27	58	28	59	29
2024	R6	辰	0	31	0	31	1	32	2	33	4	34	5	35

CONTINENT

大陸
プロフィール

あなたの性格に迫るとともに、
2024年の運気や開運色、
相性などもお伝えします。

Continent Profile

LIGHT

- □ 直感に優れ、独自のセンスがある
- □ 決断力と行動力があり
  正義感が強い
- □ 根性と責任感で何事もやり切る
- □ 義理人情に厚い優しい小心者

決断する月、努力が報われる月、吉凶混ざり引きが強い月にこの傾向が表れます

大陸の
光と影

各天星タイプには、もともともっている性質があります。普段、表に出ているのが「光」の性質です。ただ、運気バイオリズムが崩れると「影」の性質が出てきます。

SHADOW

- □ 楽しくなると熱く語り、
  口調がキツイときも
- □ 普段は穏やかでも突如冷たくなる
- □ プライドが高く、謝るのが不得意
- □ 感情が顔に出てしまい、わかりやすい

運気が低迷する月、八方塞がりになりやすい月、リセットの月にこの傾向が表れます

運気バイオリズム（P.034）が（光）と（影）のときに、上記のような性質がそれぞれ出てきます。

★大陸★

冷静沈着な感性先取りタイプ

基本性格

才能豊かで独自のセンスのもち主。穏やかに見えて正義感が強く、決断が早く勝気なところも。情にもろく義理堅い面もあり、一旦やると決めたらやり抜く責任感の強い人です。実は慎重で小心者なので無意識のうちに自分を守ろうとしますが、親しい人の間では可愛いムードメーカーになるタイプです。

大陸のトリセツ

⬆好きなこと・喜ぶこと

- 憧れ、尊敬されること
- 成功すること
- すべて把握できる環境
- 自分が1番の状況
- 時間配分通りに進むこと
- ストレス解消の買い物

⬇嫌がること・ストレスになること

- バカにされること
- 口だけの人
- 手柄を奪われること
- 自分から折れること
- 弱い面を見破られること
- 服装やセンスへの口出し

2024年の開運のカギ

やるといいこと	“笑い”を大切にしてみる
気をつけるべきこと	すべて1人で抱え込まない

2024年の開運相性

恋愛運を上げる天星	仕事運をのばす天星	金運をのばす天星
大陸 × 夕焼け	大陸 × 下弦の月	大陸 × 山脈

基本の開運色
赤

2024年の開運色
シルバー

2024年の開運アイテム
ネイル
ハンドクリーム

2024年の開運スポット
湧き水がおいしい所

天星タイプ別 基本の相性

大陸 × 満月 ★★★☆☆	大陸 × 大陸 ★★★☆☆
大陸 × 上弦の月 ★★★★☆	大陸 × 海 ★★★★☆
大陸 × 下弦の月 ★★★☆☆	大陸 × 朝日 ★★★★★
大陸 × 新月 ★★☆☆☆	大陸 × 真昼 ★☆☆☆☆
大陸 × 空 ★★★★☆	大陸 × 夕焼け ★★★★☆
大陸 × 山脈 ★★☆☆☆	大陸 × 深夜 ★★★☆☆

大陸

天星ナンバー

1

パワフルでフットワークが軽い行動派

さっぱりした性格で、思い立ったらすぐに行動。独特の感性をもっていて、直感で好き嫌いを判断。否定されるとシャットダウンします。好きな人としか行動しない一面も。笑顔でいること、人の話をしっかり聞くことを心がけるとさらに魅力がアップするでしょう。

こんな星が入ってる

- ★熱いパワーの星
- ★海外気質の星
- ★思い込みが激しい星

天星ナンバー

5

実はわかりやすい　マイペースな裏番長

スマートで冷静沈着。ときに大胆でロマンチックな一面もありますが、基本的には独立心があってマイペースです。好き嫌いや感情が顔に出やすく、怒ると怖いところも。常に穏やかでいることを心がけると、周りとの関係もよくなり、運気も高まるでしょう。

こんな星が入ってる

- ★表面上は穏やかな星
- ★顔に出やすい星
- ★独立精神強めの星

天星ナンバー

50

センス抜群！ 神感性のクリエイター

クリエイター気質で、抜群の発想力と直感力をもっています。服装やインテリアなどのセンスもよく、おしゃれ。人真似は嫌いで、自分のスタイルで勝負します。頭の回転が速く、正義感が強い一面も。1人で抱え込みやすいので、悩み事は周りの人に相談を。

こんな星が入ってる

- ★頑張りすぎの星
- ★監視・管理していたい星
- ★認められたい星

CHARACTER

天星ナンバー別の性格

天星ナンバー 53

我が道を行く　正義感の強い愛されキャラ

気分がのっているときは抜群の決断力と行動力を発揮し、目を見張る集中力で物事に取り組みます。一方で面倒くさいことを嫌い、飽きやすいところも。複雑なことは苦手で、シンプルなことに力を発揮します。頑固さと、自分の正義感を貫く強さが表裏一体です。

こんな星が入ってる

- ★ 承認欲求強めの星
- ★ 正義のヒーローの星
- ★ 面倒くさがりの星

天星ナンバー 56

頑固一徹　タフさが魅力のしっかり者

どんなことがあってもめげない、不屈の精神力の持ち主。自分のことを誰より信じています。まっすぐで、独特な感性も魅力の1つです。積極的に周りの人をサポートしたり、優しい言葉遣いを心がけることで、さらに周囲を引きつける存在になるでしょう。

こんな星が入ってる

- ★ 直球の星
- ★ 熱く語る星
- ★ 批判ダメの星

天星ナンバー 59

風格たっぷり　マルチに活躍する表現者

包容力があり、仲間を大切にする人。硬派で義理に厚いので、人から頼られたり、相談されたりすることでさらに頑張れます。頑固な一面もありますが、恋愛では好きな人に甘えるタイプ。目上の人からのアドバイスを積極的に聞くと、さらなる成長につながります。

こんな星が入ってる

- ★ 頑固一徹の星
- ★ 教祖の星
- ★ たまにKYの星

CONTINENT

YEARLY FORTUNE

2024年
大陸の運勢

THEME

“物事を見直して準備を始めたい年”

総合運

準備次第で達成へ導かれる年。諦めるのはまだ早い。あなたの夢や目標をもう一度描いてみて。やりかけていたこと、できなかったこと、すべての物事を見直し、必要なことだけに絞ってみましょう。まずは自分の短所や弱点と向き合い、悪い習慣を手放して。一方で、体調を崩しやすい時期でもあるので、お風呂の時間を充実させたりマッサージを習慣にするなど、自分を癒すことを心がけましょう。頑張りすぎたと思ったら、少し休憩をすることも、2024年を乗り切るために大切なことです。

恋愛運

人が集まる場に足を運んだり、友達に紹介してもらったりと人との交流に縁があり。すぐには恋愛に発展しなくても、将来的にパートナーになる人が現れる可能性が。トキメキが停滞しているので、恋する気持ちを大切に。パートナーがいる人は、なるべく同じ時間を過ごすことで絆が深まるでしょう。

仕事運＆金運

交渉や営業などで活躍の場が増え、チームに不可欠の存在になれそうです。ただ、途中で気が抜けてしまうところがあるので、最後まで丁寧に取り組みましょう。将来のために投資をするといいときでもありますが、選択を誤ると大きな損失になる可能性もあるので慎重に。現実的に判断しましょう。

2024年の運気バイオリズム

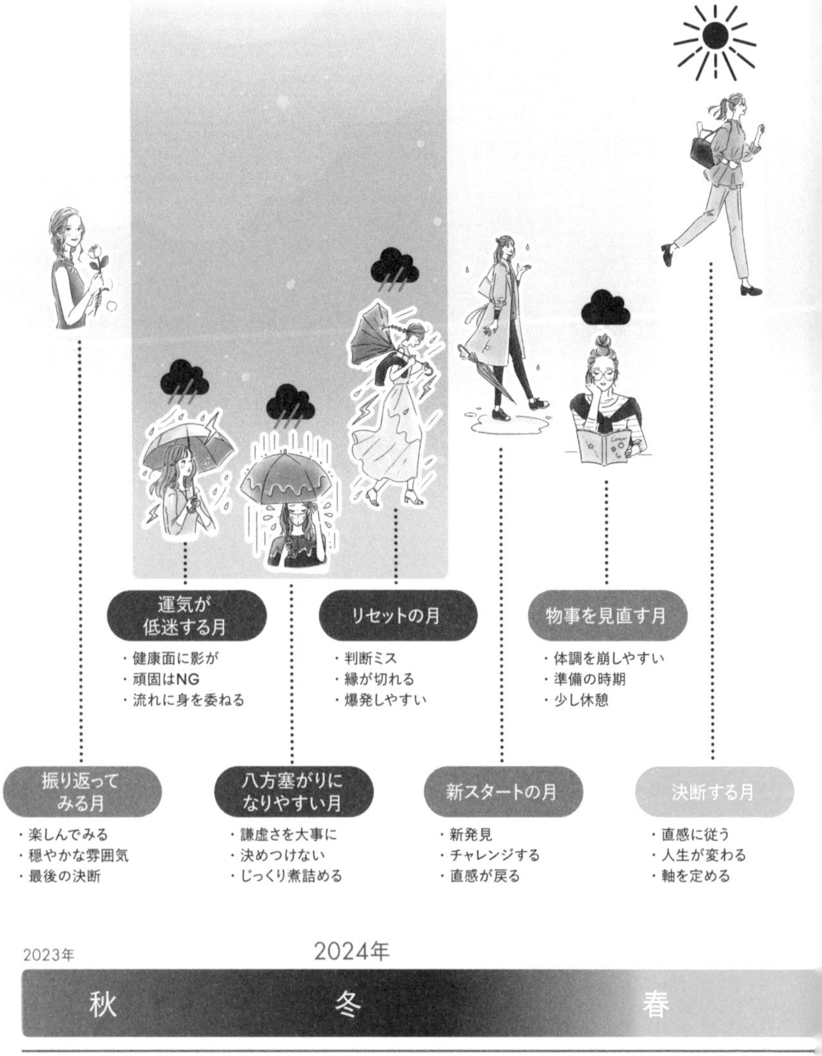

(光)と(影)のときは、
P.027のような性質が
それぞれ出てきます。

メンテナンスの月
- 体調管理を第一に
- メンタルダウンに注意
- 癒しを大切にする

努力が報われる月
- 変化がある
- 力を発揮できる
- 夢が膨らむ

誘惑が多い月
- 調子にのりがち
- 足腰を温める
- 決断はNG

再挑戦できる月
- 縁ある人と再会
- チャンス到来
- 経験を活かせるとき

吉凶混ざり引きが強い月
- 自信をもって行動
- プチセレブ感
- 注目が集まる

振り返ってみる月
- 楽しんでみる
- 穏やかな雰囲気
- 最後の決断

運気が低迷する月
- 健康面に影が
- 頑固はNG
- 流れに身を委ねる

夏　秋　冬

赤（偶数年生まれ）

RED

1 5

新世界への入り口に到着。あなたにスポットライトが当たります。周りからの期待が高まり、自分の力が発揮されるとき。自分のペースで物事を進められ、夢も膨らんでいくでしょう。努力が足りなかった人も巻き返しのチャンス。人との交流がエネルギーに。

決断運	★★★★★
人間関係	★★★☆☆
健康運	★★★★☆
金運	★★★☆☆

＼あなただけの／
光の月 4月、7月／影の月 9月、10月

50

モチベーションが高まる年。直感も冴え、何かをリセットし、大きく変化する人も。好奇心を刺激されることにはどんどん挑戦してみましょう。過去のこだわりを捨て、積極的に人と交流することで新しい自分を発見できるかもしれません。

決断運	★★★★☆
人間関係	★★☆☆☆
健康運	★★★☆☆
金運	★★★☆☆

＼あなただけの／
光の月 8月、11月／影の月 1月、2月

53 56 59

人生の転換期。これからの数年を左右する大きな決断を迫られる大事な時期です。直感が働くときなので、今やっていること、考えていることに自信をもって突き進みましょう。自分の軸を定めることで今後の運気もアップするはず。

決断運	★★★★★
人間関係	★★★★☆
健康運	★★★☆☆
金運	★★★★☆

＼あなただけの／
光の月 6月、9月／影の月 11月、12月

天星ナンバー別の運気

白（奇数年生まれ）

WHITE

1　5

心も体も充電期間。過去の疲れが出やすく、メンタルもダウンしがち。対人関係のストレスが溜まりやすいときなので、無茶は運気ダウンのもと。感動や喜びで心を満たせるように、早起き、朝活で生活リズムを整えると運気アップ。

決断運	★★☆☆☆
人間関係	★☆☆☆☆
健康運	☆☆☆☆☆
金運	★★★☆☆

＼あなただけの／
光の月 5月、8月／**影の月** 10月、11月

50

ターニングポイントです。目標を立て、よい・悪いをジャッジ。現状をしっかり確認し、不具合や不安を1つひとつ解消していきましょう。予期せぬ出来事も、あなたなら乗り越えられます。ときに周りにゆだね、心と体をリセットして。

決断運	★☆☆☆☆
人間関係	★★☆☆☆
健康運	★★☆☆☆
金運	★★☆☆☆

＼あなただけの／
光の月 9月、12月／**影の月** 2月、3月

53　56　59

物事を見直すタイミングです。ワークスキル、劣化したスキル、スマホ・PC、自分の弱い部分、すべてのアップデートを図ってみて。自分と戦い、人とは戦わない。怒られても期待されているとポジティブに受け止めると開運。

決断運	★★☆☆☆
人間関係	★☆☆☆☆
健康運	★★☆☆☆
金運	★★★☆☆

＼あなただけの／
光の月 7月、10月／**影の月** 1月、12月

2023 11 November 振り返ってみる月

今月の開運メッセージ

今月はおもしろそうだと思うことに目を向けて、行動範囲を広げることが開運につながります。言霊《ことだま》を活用し、前向きな言葉を意識して使うことで心も元気になるでしょう。誰かを批判したり、愚痴をこぼしたくなってもグッと我慢することでトラブル回避に。自分に自信をつけるをテーマに、スキルアップを大切にしていれば、大きく落ちることはないはず。

今月の開運行動

1. 楽しそうなイベントには
積極的に参加する
2. 自分の力を信じて
チャレンジしてみる
3. 人任せにせず
責任感をもって行動する

天星ナンバー別 今月のお言葉

あなたの天星ナンバーをチェック!

RED

赤（偶数年生まれ）	天星ナンバー	白（奇数年生まれ）
口調や発言には気をつけ、どんな相手にも丁寧に接するといい月。周囲を変えようと思わず、自分が変わる意識で周りも変化していく月。	1・5	自分のためではなく誰かのために動くイメージで、何があっても決めつけないこと。体調が不安定な時期なので、健康管理も徹底を。
周囲から注目が集まりそう。柔らかな態度で接して。苦しい道を選ぶと大切な変化が入ります。良質なものを買うと運気アップ。	50	旧友と連絡を取ったり、思い出の料理を食べたりすると開運につながります。親孝行や先祖の供養もいい流れを呼びこみます。
不安や不満を感じても、流れに任せてしまってOK。映画や読書で気分を紛らわせて。信頼できる人に相談するのもいいかも。	53・56・59	1年を振り返り、やるべきこと、忘れていることはしっかり確認し、終わらせるように。苦手なことも楽しみながら取り組むと吉。

2023 12 December 運気が低迷する月

今月の開運メッセージ

今月は忘れ物や失くし物に注意し、こまめな確認をしっかりと。1人で抱えこみすぎず、ちゃんと吐き出すことが必要です。普段より丁寧にコミュニケーションをとることで、すれ違いは防げます。流れに身を任せることも大切。前向きでいれば、成長のきっかけになるでしょう。

今月の開運行動

1. 自転車に気をつける
2. ストレス発散を心がける
3. 玄関は常にキレイにし
靴の整理をする

天星ナンバー別 今月のお言葉

あなたの天星ナンバーをチェック!

RED

赤（偶数年生まれ）	天星ナンバー	白（奇数年生まれ）
手応えがなくても新年が近づくにつれ運気が上昇。新たなチャレンジや努力、学びは追い風になります。まずはTo Doリストを作成してみて。	1・5	やりすぎないこと。無理をすると感情が爆発するかも。去るものは追わずという気持ちで手放しましょう。部屋を片付けるとスッキリした気持ちに。
早めの行動がツキを呼びます。悩みの種はできるだけ早いうちに解決して。穏やかな気持ちで年を越しましょう。月末は時間に余裕をもって動くと◎。	50	焦りやすい月。周りの状況をよく見て、思いやりをもった行動を心がけて。資格の勉強など、スキルアップのための自己投資は惜しまずに。
ケガに注意。じっくりと慎重に行動すれば、トラブルを避けられそう。今できることを誠実に。謙虚に、落ち着いて過ごすことが開運のカギ。	53・56・59	謙虚に過ごして。前に出るのではなく、後ろに控えるくらいが開運に。趣味嗜好に変化があったら、その世界を広げてみるのもよさそう。

2024 1 January 八方塞がりになりやすい月

今月の開運メッセージ

今月は予定が変更になったり、突発的な出来事が起こったりしやすいとき。何が起きても焦らず、冷静に落ち着いて対応することで、さらなるトラブルを防げるでしょう。うまくいかないときも自分の殻に閉じこもらず、目の前のことに集中するようにしてみて。あらかじめ代替案を用意しておく、早め早めの行動を心がけることなども役に立つでしょう。

今月の開運行動

1. 自分より
周りの人の幸せを願ってみる
2. 余裕をもって
5分前行動を意識する
3. 相手の話に
しっかり耳を傾ける

天星ナンバー別 今月のお言葉

あなたの天星ナンバーをチェック!

RED

天星ナンバー	赤（偶数年生まれ）	白（奇数年生まれ）
1 5	昨年思うように進まなかったことを見直すといい月。立ち止まって考える時間をもって。体調を崩しやすい時期なので休養もしっかりと。	変化を感じそうな月。焦る必要はありません。あなたらしさを大切にしつつ、風邪やケガなど健康管理を充分に心がけて過ごして。
50	出だしからスローペース。空回りしやすい運気。承認欲求や自己主張が強い人にひっぱられないように。あなたらしさを忘れずに。	嬉しいことや楽しいことを増やしたい月。あなたのワクワクを集めてみましょう。月の後半は落ち着いて行動を。ミスや忘れ物、壊れやすい物に注意。
53 56 59	新たな縁を結ぶのにぴったりな時期。去っていく人がいても、追いすがらずに、新しい出会いを待つつもりでゆったりと構えていればOK。	新しいことを始めるより、目の前のことに丁寧に向き合うと◎。周囲に責任転嫁しないよう自己改革に励んでみて。筋トレで体力アップを。

2024 2 February リセットの月

今月の開運メッセージ

先月まで運気が低迷していましたが、今月から少しずつ上昇していくタイミングです。これから前に進むためにも、必要のないプライドや過去にこだわる気持ちはどんどん手放していきましょう。これからの未来やなりたい自分を自由にイメージすることが運気アップにつながります。まっさらな気持ちで、起こる出来事に安心して身を任せてみてください。

今月の開運行動

1. 部屋の隅々までキレイにする
2. 朝起きたら
白湯を飲む習慣をつける
3. 我を通さず謙虚さを心がける

天星ナンバー別 今月のお言葉

あなたの天星ナンバーをチェック!

RED

赤（偶数年生まれ）		白（奇数年生まれ）
転職や引っ越しなど、大きな決断に適したとき。意思を強くもちつつも、頑固になりすぎないようにするとさらにツキがひらけるはず。	1 5	自分を成長させることをテーマにしたい月。積極的に動けばよい出会いもありそう。早寝早起きや健康的な食事など、生活習慣をあらためると開運。
何事も決めつけるのはNG。人を優先する意識で、周囲の言葉や価値観をしなやかに受け入れましょう。感謝の気持ちを忘れずに。	50	思い通りにいかないときは、考えすぎず、適度な気分転換を。我を通すより、流れに身を任せるとトラブルを回避。人に優しく、自分に厳しく。
春に向けて、霧が晴れるように運気が上昇します。今から好調期に向けて、トレーニングやストレッチなどで体を整えておきましょう。	53 56 59	デトックスの時期です。過去でなく未来を大切にする意識で、身の回りを片づけていくと開運。大切なものまで捨てないよう取捨選択は丁寧に。

2024 3 March 新スタートの月

今月の開運メッセージ

今月は「チャンスは自分でつかみにいく！」という気持ちが幸運につながる時期。悩んで動けなくなるより、「動きながら考えればいい」くらいの感覚を大切にしてください。活力がみなぎる時期なので、目標に向かって積極的に進むことができそうです。ポジティブでいることでいい変化が入り、過去を脱ぎ捨てることができるでしょう。

今月の開運行動

1. 頭で考えるより まずは行動してみる
2. やりたかったことに どんどん挑戦する
3. これまでとやり方や スタイルを変えてみる

天星ナンバー別
今月のお言葉

あなたの天星ナンバーをチェック!

RED

天星ナンバー	赤（偶数年生まれ）	白（奇数年生まれ）
1・5	心身を整えることを優先したいとき。疲れをこまめにリフレッシュし、不要なものを手放すことで、来月以降いい流れにのれるはず。	自分の意思とは裏腹に強いエネルギーが入ってきます。争わず控えめに。ぶれない心が運気を高めます。良質な睡眠をとると、直感力が増すはず。
50	シンプルに考えることで、抱えている悩みや不安は解決するでしょう。目立つよりも着実に。腐れ縁は断ち切るチャンスです。	謙虚さを大事にしたい月。周りを振り回していないか、一度振り返り、初心を思い出し、うれしかったことを書き出してみて。
53・56・59	体調が気になってくるので、意識的に生活習慣を見直しましょう。やりたいことはリスト化し整理してみると、来月に向けて弾みがつきます。	運気が上昇し始めます。最新の情報に敏感になってみて。忘れかけていた夢や、ワクワクする出来事にためらわずに挑むことで道がひらける暗示。

2024 4 April 物事を見直す月

今月の開運メッセージ

中途半端な状態で放置していたことや、心に引っかかっていることにけじめをつけるといい時期。人間関係のわだかまりを解消したり、途中で止まっているプロジェクトを進めたり、未解決のことに取り組みましょう。また、体調を整えることも大切。栄養のあるものを食べ、夜は早めに寝ること。痛みや違和感があるなら、念のため病院で調べてもらいましょう。

今月の開運行動

1. これまでの生活習慣や進めていた物事を見直す
2. 立ち止まって体を休める時間を作る
3. お花や植物を飾ってみる

天星ナンバー別 今月のお言葉

あなたの天星ナンバーをチェック!

RED

天星ナンバー	赤（偶数年生まれ）	白（奇数年生まれ）
1 5	天からのサポートがもたらされて、夢が膨らむ月。叶えたいことをどんどん口に出すと、前進する力に。勇気を出して最初の一歩を！	ペースダウンが必要な月。ストレスを感じたら、好きな香りや場所などに身を置いてみて。心と体を整えることで、トラブルも回避。
50	資格の勉強や朝活など、自分磨きを始めるといい月。自分の中にある「好き」を増やす行動を心がけて。出会い運も強めです。	同情心や執着から苦労を背負い込む危険あり。不要なものはリセットし、有言実行を心がけることで、物事はスムーズに進みます。
53 56 59	人生の軸を定めるとき。あなたの直感に従って、「YES」「NO」をはっきりと表すようにしましょう。目標に近づけるはずです。	夢や目標を叶えるためのウォーミングアップのとき。ゆっくりでも着実な努力が成功の種に。中途半端にしていたことがあれば決着を。

2024 5 May 決断する月

今月の開運メッセージ

迷っていることがあるなら、答えを出すのにいい時期です。頭が冴えるときなので、自分の直感に従って進めば大丈夫。また、これまで頑張ってきたけれど結果につながらなかったことは、潔く諦める勇気をもつことも大切です。身の回りの整理整頓をして、頭をスッキリさせることで、これからやるべきことにさらに集中できるでしょう。

今月の開運行動

1 なりたい自分を想像し
具体的な目標を考えてみる

2 やるべきことを
リストアップする

3 身を引くときは
執着せずスマートに

天星ナンバー別 今月のお言葉

あなたの天星ナンバーをチェック!

RED

	赤（偶数年生まれ）	白（奇数年生まれ）
1 5	気を引き締めて過ごしたい月。うっかりミスをしやすいので、準備や確認は念入りに。気持ちが揺れやすいので大きな決断は避けて。	幸せを感じられるとき。日々の生活の中でちょっとした喜びを見つけることで、ラッキーな流れにのることができそう。夢の実現も。
50	忘れものが目立つ月。未達事項の確認をしっかりと。自己管理を徹底し、心と体を強化しましょう。思わぬ出費もありそうです。	自分なんてと思わず、もう一度やる気のスイッチをON。自分の殻を破る時期。未知のジャンルや、人からすすめられたものに積極的に挑戦を。
53 56 59	「攻めより守り」の意識が幸運につながる月。一歩引いて自分のケアを。無理はせず良質の睡眠を意識。ケガもしやすいので落ち着いた行動を。	自分を変える勇気が開運のカギ。無理かもという気持ちは捨てて、告白やダイエットなど一歩踏み出してみて。身の回りの整理整頓も◎。

2024 6 June メンテナンスの月

今月の開運メッセージ

こまめなリフレッシュを心がけたい時期。今月は気持ちは元気いっぱいなのに、体力がついていかないと感じることがありそう。そんなときはがむしゃらに頑張るよりも、体調管理を優先しましょう。うまくいかないなら、一度立ち止まって何が原因なのかじっくり考えることも大切。気づきを得ることでよい変化が入っていきます。

今月の開運行動

1. 予定を詰め込まず
時間には余裕をもっておく

2. 睡眠をしっかりとり
健康的な生活習慣に整える

3. エステやマッサージなどで
心と体のケアをする

天星ナンバー別 今月のお言葉

あなたの天星ナンバーをチェック!

RED

赤（偶数年生まれ）　　**白**（奇数年生まれ）

1・5

赤：過去つまずいたことに再挑戦するとうまくいきそう。経験や人脈をフル活用してみて。ラッキーパーソンは長年会っていなかった友達。

白：目の前の大切なものを優先しましょう。あれこれ目移りしてしまうと、無駄な時間を費やすことに。落ち着いて行動すれば運は上昇。

50

赤：運気は追い風。秘めた可能性を広げるチャンス。思い切った行動を起こすほど未来に光が入ります。決断は今。

白：オフの日はしっかり休み、オンの日はテキパキと動くことを意識して1つずつクリアを。疲れたら、お気に入りのお菓子でコーヒーブレイク。

53・56・59

赤：いいニュースが飛び込む予感。生活にプラスになる出来事もありそうです。手放すものもありますが、始めるなら今！ 新しい人生のスタートです。

白：うまくいかないときは、無理せずのんびりと、自分をいたわって。お気に入りのアロマや入浴剤を使って、心も体もリラックスさせましょう。

2024 7 July 努力が報われる月

今月の開運メッセージ

天真爛漫な子どものように、のびのび行動することが運気アップにつながる時期。天からのサポートを実感することも多く、夢も膨らんでいきそうです。大切なのは過去どうだったかではなく、未来に目を向けること。希望を胸に、自分の力を信じて進んでいきましょう。引き続き生活リズムを整えることも意識して、趣味に没頭するなどワクワクする時間を増やしてみて。

今月の開運行動

1. 幸せを感じる行動を選択する
2. 自分の思いや夢を素直に言葉で伝える
3. 大切な人がどうしたら喜ぶか考えて動く

天星ナンバー別 今月のお言葉

あなたの天星ナンバーをチェック!

RED

赤（偶数年生まれ）	天星ナンバー	白（奇数年生まれ）
引きが強いときなので、自信をもって行動するとチャンスをつかめそう。順風満帆でも謙虚な姿勢で。将来につながる自己投資も◎。	1 5	過去の縁が幸運を運んでくる月。かつて関わった人と再び気持ちが通じ合ったり、助けられたりしそう。思い浮かんだ人に連絡してみよう。
無理をしていると感じたら、ぬるめのお風呂でゆっくりとリラックス。今月は自分を労ることが大事。あなたは十分頑張っています。	50	直感が冴える分、気が大きくなりやすい月。視野が狭まっていないか、自分に問いかけてみて。優しい言葉を使うと運気アップ。
早とちりや勘違いをしてしまいそう。話す前に一度考える、ミスがないか確認するなど、常に落ち着いた行動を心がけましょう。	53 56 59	頑張りが評価され、夢が膨らむ予感。高すぎるくらいの目標をもっても今のあなたなら大丈夫。自分の心に素直に行動するとさらに開運。

2024 8 August 誘惑が多い月

今月の開運メッセージ

何かと気持ちが迷いやすい時期。人の発言を勘違いして受け取ったり、焦って気持ちが先走ったりすることが思わぬトラブルにつながることもありそうです。どんなときも冷静に、落ち着いて行動するように心がけると、大きな問題は避けられるはず。今月は転職や引っ越しなど、将来に大きく関わるような選択や決断は避けた方がいいでしょう。

今月の開運行動

1. 慌てない、焦らない
2. 歩きやすい靴を履く
3. 自分を喜ばせてみる

天星ナンバー別 今月のお言葉

あなたの天星ナンバーをチェック!

RED

赤（偶数年生まれ）	天星ナンバー	白（奇数年生まれ）
感情的にならず、穏やかに過ごすといいとき。幸せを周りの人におすそ分けするつもりで、つらいときこそ笑顔でいるようにしてみて。	1・5	ワンランク上を意識するといい月。失敗しても大丈夫。自分のためにお金を使い、満足感を高めて。周りに感謝を伝えると幸運のエネルギーが。
自発的な行動がツキを呼びそう。興味のあること、楽しいことには積極的に取り組んで。感じたことを素直に表現すると好印象に。	50	何かを失ったり思いがけない出来事に遭遇しそうな月。大切なものは守り抜いて。人には恩返しを意識し、ネガティブな思考はいったんストップ。
途中で止めていたことにとりかかったり、今までやってきたことを振り返ったりすると吉。懐かしい人からのお誘いをきっかけに良縁がありそう。	53・56・59	気分が変わりやすい今月は、大きな決断は避けるのがベター。目の前の人を優先させるといい流れに。スタミナ切れになったら足腰を温めて。

2024 9 September 再挑戦できる月

今月の開運メッセージ

今月は軌道修正するといい時期。一生懸命頑張っているのに、なかなか思うような成果につながらないという人は、ここで一度態勢を立て直しましょう。自分の考えに固執せず、周りの人のアドバイスを取り入れてみて。目標達成のための具体的な計画を立てるのにもいいタイミングです。確実に実行できるような小さなステップに落とし込むと、結果につながるでしょう。

今月の開運行動

1. 懐かしい友達や恩人に連絡をしてみる
2. 将来なりたい自分を具体的に思い描く
3. お金の勉強をしてみる

天星ナンバー別 今月のお言葉

あなたの天星ナンバーをチェック!

RED

赤（偶数年生まれ）	天星ナンバー	白（奇数年生まれ）
焦らず、流れにゆだねるといい月。サボり心を封印して、目の前のことにコツコツ取り組んで。何があっても感謝の気持ちを忘れずに。	1・5	何事も楽しみながらやってみると、いい流れで過ごせる運気。大事なことほど早めに終わらせ、中旬以降はペースを落として自分時間に。
広い心でどんと構えていると、周囲にいい影響を与える予感。中旬からは堅実に足場を固めるようなイメージで過ごしましょう。	50	今まで努力してきた分だけ結果が出るはず。勝ち負けにこだわらず、変化を受け入れることで天からの力を感じられます。
具体的な未来を思い描いて、自信をもって行動してみて。思い切った決断も◎。あなたの可能性がさらに広がります。	53・56・59	8月にうっかりミスをしてしまったら、今月が挽回のチャンス。新しいことを始めるより、今までの経験を活かした行動がツキを呼びます。

2024 10 October 吉凶混ざり引きが強い月

今月の開運メッセージ

少し高い目標を掲げて、前向きに挑戦するといいとき。注目が集まりやすいので、自信をもって行動することでチャンスも引き寄せられそう。叶えたい夢を描いて、どんどん動いてみて。前向きな言葉を使うことも運気アップにつながります。また、近くにいる人たちを改めてよく見てみると、新しい気づきがあるかもしれません。

今月の開運行動

1. 頑張った自分をほめてあげる
2. 欲しかった物や
やりたかったことにお金を使う
3. 資格の取得など
レベルアップに挑戦する

天星ナンバー別 今月のお言葉

あなたの天星ナンバーをチェック!

赤（偶数年生まれ）	天星ナンバー	白（奇数年生まれ）
今の頑張りがいつか必ず報われると信じて、じっくり煮詰めるといい時期。心と体の調子を整えて、新たなスタートに備えましょう。	1・5	予想外のことが増える予感。うまくいかなくても、自分を責めないで。そこから学ぶことであなた自身を磨くチャンスに。暴飲暴食はNG。
どんな自分になりたいか具体的にイメージして、積極的に行動してみると、良縁に恵まれそうです。キーパーソンとの出会いもあるかも。	50	物欲旺盛な月。セールやお得を狙い買い物を。勉強、家事、趣味など自分の内面を磨くことに集中すると吉。悪いニュースは見ない聞かない意識を。
これまでやってきたことを振り返るなら月の前半のうちに。疲れが出てくる後半は、体調を優先して、少しずつブレーキをかけて。	53・56・59	レベルアップのチャンスが舞い込む月。自信をもって行動すると、いい結果に。メイクや服装はあなたの個性を活かすほど魅力アップ。

2024 11 November 振り返ってみる月

今月の開運メッセージ

先月までの勢いが少しずつ落ち着いてくる時期です。今月は周りの影響を受けやすくなるので、何に対しても自分の意見をもつよう心がけてみてください。きちんと意思表示をすることで、人に振り回されることも少なくなるはず。日々の暮らしも普段よりペースを落として、予定を詰め込みすぎないよう調整を。規則正しい生活で心身を整えましょう。

今月の開運行動

1. 1つひとつの言葉や行動をいつも以上に丁寧に
2. どんな現実もしっかり受け止める
3. 本当の気持ちを言葉にして伝える

天星ナンバー別
今月のお言葉

あなたの天星ナンバーをチェック!

RED

赤（偶数年生まれ）	天星ナンバー	白（奇数年生まれ）
感情が揺れやすい月。爆発する前に好きなことや掃除、洗濯をしてリフレッシュを。憧れの人の言葉もモチベーションアップに。	1・5	頑張りすぎは禁物。疲れが出るとメンタルもダウンするので、自分を労りましょう。大変なときは周りにサポートを求めてみて。なくし物には注意。
夢は大きく掲げ、吉凶すべての出来事を受け止めて。完璧でなくてもベストを尽くすことで物事がスムーズに。アクセサリーを新調すると開運月。	50	あなたの理解者はすぐそばにいます。1人で抱え込まないこと。友達や家族など、大切な人と過ごす時間を大切に。おいしいや楽しいはシェアを。
不安があっても、焦って決断せず、流れに身を任せましょう。今は答えを出せなくてもかまいません。気持ちが沈んだときは、大きく深呼吸を。	53・56・59	日々の楽しいことに目を向けてみましょう。幸せは周りと分かち合うとラッキーが舞い込みます。面倒なことほど早めに動いてトラブル回避。

2024 12 December 運気が低迷する月

今月の開運メッセージ

自分が置かれている状況に不満を感じたり、心配事が増えたりしやすいとき。誰の人生にもアップダウンはつきものなので、目の前のことに一喜一憂せず、今やるべきことに集中してみて。流れに抵抗せず、起きていることに身をゆだねる意識をもつとラクになれそう。いろいろな人と交流する、本や映画にたくさん触れるなどして、視野を広げることも役に立つでしょう。

今月の開運行動

1. 信頼できる人の助言に従う
2. 足腰を鍛えておく
3. 健康を意識し
食事は腹八分目を心がける

天星ナンバー別 今月のお言葉

あなたの天星ナンバーをチェック!

RED

赤（偶数年生まれ）　　白（奇数年生まれ）

1・5

赤：ゆっくりスタートします。新しい挑戦が開運に。古い自分を脱ぎ捨て、理想の自分をめざし新たな習慣を作っていきましょう。直感力がよみがえる月。

白：物でも人でも、今の波長に合わないものを手放してみましょう。身軽になるほど、今後のあなたにふさわしい縁がやってくるはず。

50

赤：自分にも人にも優しい言葉を使うと、穏やかな年末が過ごせそう。ファッションにゴールドを取り入れてみて。イベントには進んで参加を。

白：自分の可能性を広げるのに適した月。もしも楽な道を選んでいるのなら、あえて苦しい道を行ってみて。成長できるチャンスです。

53・56・59

赤：人の意見を素直に聞くことが大切。自分のことばかりにならず、調和を意識しましょう。寒さで体調が不安定にならないよう気をつけて。

白：気分が一変しそう。不安や心配事は考えすぎず、信頼できる人に相談してみて。自分では考えつかないアドバイスが視野を広げるきっかけに。

CONTINENT

2024年
日々の
開運メッセージ

Daily Fortune Message

先々を見通してみたり
その日がどんな日なのか調べてみたり
日々の過ごし方や考え方の
参考にしてみてくださいね。

運気キーワード

KEYWORD

《 吉凶日 》

天赦日

「天が赦す日」と書くように、神様がすべての罪を赦し、障害が取り除かれる日とされています。一粒万倍日より数が少ない大吉日。結納や婚姻届の提出など、結婚にまつわることを行うのによく、新しいことを始めるのにもいい日です。

一粒万倍日

「一粒の種子が万倍にもなって実る」という意味をもち、何かを始めるのにいい日とされています。財布の新調にも最適。ただし、人からお金やものを借りると、万倍に膨らみ凶となるため注意してください。

不成就日

要注意日。何事も成就しない、悪い結果を招いてしまう日とされています。結婚、開店、起業など、新しいことを始めるのは避けた方がいい日です。

吉日と不成就日が重なる場合には、あまり新しい行動を起こさない方がベター。

《 月の満ち欠け 》

● 新月

新しいスタートを切るのにいいとき。新しいものを買うのにもいい日とされています。

◐ 上弦

新月から満月へと満ちていくとき。判断力や決断力が高まっているときで、積極的な行動を起こすのに適した日とされています。

◑ 下弦

満月から新月へと欠けていくとき。物事をリセットしたり、デトックスしたり、感情のリセットなどにも向く日とされています。

○ 満月

不要なものを手放すのにいい日とされています。

PHASES OF THE MOON

2023 11 November 振り返ってみる月

毎日の運気をチェック!

DATE			
1	Wed.		心安らぐ場所に幸運が。気持ちも穏やかになるはず。
2	Thu.		周りと距離を感じるときは自分との対話を大切に。
3	Fri.		人の態度にイライラさせられそう。冷静に対応を。
4	Sat.		不満を伝えても流されるかも。静かに過ごそう。
5	Sun.	◐	新しい友達を気軽に誘ってみると意外な発見が。
6	Mon.		守りを固めておきたいとき。仲間も増やしておこう。
7	Tue.		客観的に現状の分析を。人の指摘や助言も参考に。
8	Wed.	不成就日	心配事が増えるかも。疲れてしまったら深呼吸を。
9	Thu.		久しぶりに会う人と楽しめそう。素の自分を出して。
10	Fri.		予定通りに進まない日。落ち着いて対処すること。
11 一の酉	Sat.	一粒万倍日	大きな挑戦をする前に、やってきたことの見直しを。
12	Sun.	一粒万倍日	過去に囚われず、自分の足元を固めることに集中。
13	Mon.	●	人のために頑張ろう。無心で取り組むといい結果に。
14	Tue.		見て見ぬふりをしてしまうと、人間関係に暗雲が。
15	Wed.		相手のことを決めつけず、謙虚さを大切にしよう。

16 Thu.	不成就日	ワクワクすることを考えて。動くのは明日から。
17 Fri.		先を見据えて軌道修正を。決断したら行動あるのみ。
18 Sat.		迷ったときは直感を優先。それがベストな選択に。
19 Sun.		達成したい目標があるなら、サボらず全力でトライ。
20 Mon.		乾燥や冷えからくる不調に注意。温かい食事が吉。
21 Tue.		好きな人から誘いがあるかも。万全の準備を。
22 Wed.		何気ない言動が災いのもと。発言には注意して。
23 Thu. 二の酉	一粒万倍日	契約内容を見直すと、無駄なものが明確になりそう。
24 Fri.	一粒万倍日 不成就日	結婚を意識するなら、理想の夫婦と話をしてみて。
25 Sat.		食生活の乱れを改善。スイーツの量は控えよう。
26 Sun.		環境が昔に逆戻りするかも。流れに身を任せて。
27 Mon.		余裕がなくなりそう。何でも深刻に受け止めないで。
28 Tue.		焦ってばかりだと効率ダウン。まずは頭の中を整理。
29 Wed.		先行き不安に。慎重に検討した方がよさそう。
30 Thu.		後輩にも挨拶をしっかりして。言葉遣いも丁寧に。

新月 上弦 満月 下弦

2023 12 December

毎日の運気をチェック!

運気が低迷する月

DATE				
1	Fri.			寒いからといって、おしゃれ心を失わないように。
2	Sat.		不成就日	外出先でのお酒はほどほどに。体調管理が一番。
3	Sun.			気持ちの浮き沈みを楽しむくらいの余裕をもって。
4	Mon.			常に人の目を意識して、外では言動に気をつけよう。
5	Tue.	◐	一粒万倍日	やるべきことにきちんと向き合えば成長できるはず。
6	Wed.		一粒万倍日	相手の立場に立つと、何が喜ばれるかわかりそう。
7	Thu.		一粒万倍日	非があるならごまかさず、誠心誠意対応すること。
8	Fri.		一粒万倍日	孤独を感じても自暴自棄にならないで。今は休息を。
9	Sat.			胸に刺さる一言に出会うかも。書き留めておこう。
10	Sun.		不成就日	人や趣味に深くハマると危険。ほどほどにして。
11	Mon.			予想外の収入が。無駄遣いせず、計画的に使うこと。
12	Tue.			人との会話でリフレッシュ。年末の予定の相談を。
13	Wed.	●		悩んでいても状況が変わらないなら、ひとまず決断。
14	Thu.			ズバズバ言ってくれる友達の助言は素直に聞こう。
15	Fri.			あちこちにいい顔をせず、大切な人を優先して。

16	Sat.		調子にのりやすい日。恥ずかしいミスにも注意を。
17	Sun.	不成就日	困っていると助け舟が。この恩を忘れないように。
18	Mon.		思っているより余裕はなさそう。準備は早めに。
19	Tue.	一粒万倍日	今年を振り返ろう。来年のことに思いをめぐらせて。
20	Wed. ◐	一粒万倍日	大事なことは後から見返せるよう、文章に残そう。
21	Thu.		いいところで邪魔が入るかも。一喜一憂しないで。
22 冬至	Fri.		無理に笑顔でいなくてOK。自分の本音を大切に。
23	Sat.		悩みや心配事は相談して、年内にかたをつけよう。
24	Sun.		デートは夜景が美しい場所へ。絆が深まるチャンス。
25	Mon.	不成就日	空気を読んで、率先してサポートすると喜ばれそう。
26	Tue.		恋の予感がしても、今日は深入りしない方が安全。
27	Wed. ○		買い物は浪費の予感。最新アイテムだけを押さえて。
28	Thu.		予定は詳細まで確認を。友達への連絡も忘れずに。
29	Fri.		懐かしい友達と交流。昔を思い出して元気が出そう。
30	Sat.		家族や身近な人と過ごして1年を感謝で締め括って。
31 大晦日	Sun.	一粒万倍日	相手を優先すると、その笑顔に心が満たされるはず。

● 新月 ◐ 上弦 ○ 満月 ◑ 下弦

2024

1 January

毎日の運気をチェック!

八方塞がりになりやすい月

DATE			
1	Mon.（元日）	天赦日 一粒万倍日	1年の始まり。ゆっくり穏やかな気持ちで過ごそう。
2	Tue.	不成就日	夜ふかしが続いているなら今日は早めに就寝して。
3	Wed.		不確かな情報に惑わされず、冷静に判断すること。
4	Thu.		寒くても外へ出て、新しいお店やエリアをチェック。
5	Fri.		いい出会いがあるかも。焦らず、ゆっくり進めよう。
6	Sat.		とことん突き詰める姿勢が、周りのいいお手本に。
7	Sun.（七草）		体調に気をつけたい日。胃腸にやさしい食事を。
8	Mon.		人の力を当てにせず、自分でやり抜く強さを大切に。
9	Tue.		客観的な視点をもって全体像を捉えるようにしよう。
10	Wed.	不成就日	過去の失敗から学んで挑めば、今度は成功するかも。
11	Thu.		頑張りが実りそう。周りの人の応援でパワーアップ。
12	Fri.		懐かしい人と連絡をとってみて。家族とも交流を。
13	Sat.	一粒万倍日	一見いい話に思えても持ち帰ってしっかり検討して。
14	Sun.		どんなアドバイスも受け入れて成長の糧にしよう。
15	Mon.		うっかりミスに注意を。自分の非は素直に認めて。

16	Tue.	一粒万倍日 不成就日	やっと一息つけそう。新しい物事に目を向けて。
17	Wed.		外見ばかりでなく、内面を磨く努力もしていこう。
18	Thu.		将来を見据えて、必要になる勉強を始めてみよう。
19	Fri.		体の不調に注意。おかしいと思ったら早めに病院へ。
20	Sat.		気配りできるあなたに周囲からの信頼が集まりそう。
21	Sun.		人と話すときは、本音を伝えるように心がけて。
22	Mon.		過去と同じ状況になっているなら、根本から解決を。
23	Tue.		買い物はいいけど、夢中になりすぎないよう注意。
24	Wed.	不成就日	自分の意見だけに固執せず、柔軟に考えてみよう。
25	Thu.	一粒万倍日	悩み事に気をとられてしまいそう。気分転換を。
26	Fri.		大切な人と対立しそう。相手の状況も理解しよう。
27	Sat.		勢いで決断する前に、身近な人に相談すると安心。
28	Sun.	一粒万倍日	人の話をしっかり聞くと、仲を深めるきっかけに。
29	Mon.		アドバイスを受け入れると意外な才能が花開くかも。
30	Tue.		動揺したりせず、最後まで冷静にやり抜いてみて。
31	Wed.		つらいことがあっても幸せな未来のためと捉えよう。

新月 上弦 満月 下弦

毎日の運気をチェック!

2024 2 February リセットの月

DATE

1	Thu.	不成就日	笑顔を心がけて過ごすと、周りとの関係も良好に。
2	Fri.		予定が変わるかも。1人の時間を充実させよう。
3 節分	Sat.		昔諦めたことに再挑戦。根気強さで勝負を。
4	Sun.		明細書や請求書を確認。お金の使い方を見直して。
5	Mon.		求められる分、やりがいに。感謝は素直に表現しよう。
6	Tue.		情報を鵜呑みにせず、まずは自分できちんと確認を。
7	Wed.	一粒万倍日	体調で気になることがあるなら、無理をせず病院へ。
8	Thu.		インテリアに手を加えると、気分もリフレッシュ。
9	Fri.	不成就日	身の回りを整理整頓。作業の効率もグンとアップ。
10	Sat.		想像以上に楽しめることが見つかりそうな予感。
11	Sun.		早起きは三文の徳。充実した1日を過ごせそう。
12	Mon.	一粒万倍日 不成就日	好きなことにとことん打ち込めば気持ちも晴れやか。
13	Tue.		自分と違う意見を受け入れてみると問題がクリアに。
14	Wed.		チョコレートは相手に迷惑をかけない場所で渡そう。
15	Thu.		思いがけない場所から、失くし物が見つかるかも。

16	Fri.		徐々に調子が回復。少しずつ自信も取り戻せるはず。
17	Sat.		大らかさを大切に。周りを優先するゆとりをもとう。
18	Sun.		気持ちがピリピリしそう。視野を広くもって。
19	Mon.	一粒万倍日	忙しいときこそ、丁寧に取り組んでトラブルを回避。
20	Tue.	不成就日	逃げてばかりでなく向き合うことで成長しよう。
21	Wed.		仲間と協力して取り組めば、さらに結果が出るはず。
22	Thu.		同僚や周りの人のことをよく知るよう努めてみて。
23	Fri.		来月は自己投資をすると◎。何にするかを考えよう。
24	Sat.	一粒万倍日	冷えは不調の原因に。暖かい服装で出かけること。
25	Sun.		明るい笑顔と柔和な雰囲気で人気の的になりそうな日。
26	Mon.		お金のやり取りをするときは最大限の注意を払おう。
27	Tue.		久しぶりの友達に連絡してみると新たなご縁が。
28	Wed.	不成就日	真面目な印象の服装で相手からの信頼を獲得。
29	Thu.		恋愛を楽しめそうな日。少々自由に振る舞っても◎。

新月 上弦 満月 下弦

毎日の運気をチェック!

2024 3 March 新スタートの月

DATE			
1	Fri.		失言に気をつけたい日。話す前に考えを整理しよう。
2	Sat.	一粒万倍日	前に出ると失敗するかも。後ろに控えていた方が◎。
3 ひな祭り	Sun.		わがままな行動はNG。明るく振る舞って過ごそう。
4	Mon.		積極的に外に出た方が充実した1日になるはず。
5	Tue.		言葉にしなくてもわかりあえる友達に感謝しよう。
6	Wed.		計画をきちんと練ってから動くようにしてみて。
7	Thu.	不成就日	疲れが出やすい日。夜は早めに体を休めよう。
8	Fri.		友達と楽しく過ごせばストレス発散に効果大!
9	Sat.		やる気がイマイチな日。のんびり過ごすのが一番。
10	Sun.	一粒万倍日	流れが来たならすぐに動いてチャンスにつなげて。
11	Mon.	不成就日	自分を優先するよりも相手に譲る気持ちを大切に。
12	Tue.		いつもそばにいてくれる人への感謝を言葉で示そう。
13	Wed.		面倒くさがらずに丁寧に対応すれば、問題も解決。
14	Thu.		思い通りに進まないときは、待つことも大事かも。
15	Fri.	天赦日 一粒万倍日	身の回りをとことんキレイにしてリセットしよう。

16	Sat.		今より上のレベルをめざして情報を集め始めると◎。
17	Sun.		直感を大切に。「これだ!」と思ったら挑戦しよう。
18	Mon.		息抜きになりそうなエクササイズや運動を始めよう。
19	Tue.	不成就日	体を気遣いたい日。マッサージやスパもおすすめ。
20	Wed.		大事な出会いがありそう。アンテナを張っておいて。
21	Thu.		気が散りやすい日。やるべきときはしっかり集中。
22	Fri.	一粒万倍日	昔好きだった音楽や映画に触れると元気になれそう。
23	Sat.		イベントごとは中心になって仕切ると楽しい会に。
24	Sun.		週末でも規則正しい生活に整えるよう意識して。
25	Mon.		問題が起きても今は静かに様子を見るだけにしよう。
26	Tue.		気まずい関係の相手でも、話は素直に聞くように。
27	Wed.	一粒万倍日 不成就日	現状を打破したくても大きな賭けは控えよう。
28	Thu.		未体験のことや新しいものに触れると運気アップ!
29	Fri.		やりたいことに打ち込むための準備をしておこう。
30	Sat.		自信がもてないときは、自分の内面をよく見つめて。
31	Sun.		気持ちの浮き沈みは仕方ないもの。ゆっくり休もう。

新月 上弦 満月 下弦

毎日の運気をチェック!

2024 4 April 物事を見直す月

DATE			
1	Mon.		情報収集が成功のカギ。上手に使えば成果も上々。
2	Tue.		親しき仲にも礼儀あり。発言には気をつけよう。
3	Wed.	一粒万倍日	昔からの友達に久しぶりに連絡してみると◎。
4	Thu.	不成就日	日頃の感謝を表すといい日。人間関係もより円滑に。
5	Fri.		これまで頑張ってきた人は、いい結果になるはず。
6	Sat.	一粒万倍日	気になることは１人で抱えず、周りの人に相談を。
7	Sun.		楽しむのもいいけど、やるべきことは忘れないで。
8	Mon.		執着していることから離れよう。今が次へ進むとき。
9	Tue.	一粒万倍日 不成就日	自然に触れて気力を回復。部屋に花を飾っても。
10	Wed.		周りと意見交換をして、これからの見通しを立てよう。
11	Thu.		やきもちを焼くより、絆を深めることを考えて。
12	Fri.		忙しい日々に疲れ気味かも。家ではゆっくり休もう。
13	Sat.		人を楽しませる気持ちで過ごすと、充実した時間に。
14	Sun.		気持ちが緩みやすい日。最後まで気を抜かないで。
15	Mon.		過去うまくいかなかったことに再挑戦してみよう。

16	Tue.		今日は家族や友達など、身近な人をサポートして。
17	Wed.	不成就日	お気に入りのカフェで休憩。癒しのひとときに。
18	Thu.	一粒万倍日	注意を受けたら、改善に向けて努力してみること。
19	Fri.		急がず、じっくりと状況を見極める時間をもって。
20	Sat.		周りの環境が変わったら、切り替えて順応しよう。
21	Sun.	一粒万倍日	直感を頼りに動くと、何事もスムーズに進みそう。
22	Mon.		友達や同僚と励まし合いながら取り組むといいかも。
23	Tue.		迷いが生じたら、自分の本心を信じて動いてみて。
24	Wed.		健康を気遣うといい日。旬の野菜で栄養補給を。
25	Thu.	不成就日	楽しみにしていた約束には明るい色のファッションで。
26	Fri.		動き出す前に、今の状況をきちんと確認しておこう。
27	Sat.		昔よく訪れた場所へ出かけると、気持ちも前向きに。
28	Sun.		困った人を助けることで、後からいいことが起きそう。
29	Mon.		ある程度結果が出ても、油断せずに努力を続けて。
30	Tue.	一粒万倍日	予想外の出来事が起こるかも。今日は自分で対処を。

新月 上弦 満月 下弦

毎日の運気をチェック!

2024 5 May 決断する月

DATE			
1	Wed.		怒っても事態は好転しない気配。冷静な頭で対応を。
2	Thu.		周囲の人とうまく付き合う努力をしてみよう。
3	Fri.	一粒万倍日 不成就日	予定を立てず、気ままなお出かけを楽しんでみて。
4	Sat.		何事も準備を大切にするといい方向に進み始めそう。
5	Sun. 端午の節句		なんとなくではなく、目的をもって行動すること。
6	Mon.		連休疲れが出てきそう。早めに寝て明日に備えて。
7	Tue.		わき目も振らず集中！ いい結果につながるはず。
8	Wed.		GW 中に乱れた生活を見直し、リズムをとり戻そう。
9	Thu.		お店選びは懐かしい場所を選んでみるのがおすすめ。
10	Fri.		短期的な成果より、長期的な展望に意識を向けよう。
11	Sat.	不成就日	何があっても自分を支えてくれる人たちに感謝を。
12	Sun.		気持ちがくじけそう。何が原因か追究してみて。
13	Mon.		焦りが出やすい日。目の前のことから解決を。
14	Tue.		放置していた問題に取り組む必要が出てきそう。
15	Wed.	一粒万倍日	頭の中が散らかっているときは散歩に出かけよう。

16	Thu.		一粒万倍日	実現に向けて、今日はとことん準備をしてみて。
17	Fri.			大きな決断を迫られそう。よく考えてから決めよう。
18	Sat.			自分をよく見せようとしないで。後で苦労しそう。
19	Sun.		不成就日	誠意をもって行動していれば気持ちが伝わるはず。
20	Mon.			どうすれば効率よく進められるか考えてから動こう。
21	Tue.			昔よく行ったお店や場所を訪れると運気アップ。
22	Wed.			落ち着いて進めれば、結果がついてくる日。
23	Thu.	○		周りを見渡してみて。助けてくれる人がいるはず。
24	Fri.			何が起きても、今日は逆らわずに受け入れること。
25	Sat.			思い通りに進まない１日。焦らず１つひとつ丁寧に。
26	Sun.			着ていない服や使っていない物は迷わず処分を。
27	Mon.		一粒万倍日 不成就日	思い込みを手放して、新しい方法に目を向けよう。
28	Tue.		一粒万倍日	意識していつもと違うものを選ぶとリフレッシュに。
29	Wed.			異性とのコミュニケーションは、聞き役でいると吉。
30	Thu.		天赦日	中立の立場でいると周りからの信頼度がアップ！
31	Fri.	◗		予定を詰め込まず、自分のペースで過ごそう。

● 新月 ◐ 上弦 ○ 満月 ◗ 下弦

毎日の運気をチェック!

2024 6 June メンテナンスの月

DATE			
1	Sat.		うっかりミスに注意して。外出するときは特に慎重に。
2	Sun.		悩みや問題があるなら経験豊富な人に相談しよう。
3	Mon.		引きが強いとき。堂々と自分をアピールしてみて。
4	Tue.	不成就日	愚痴をこぼしても OK。気持ちが軽くなるはず。
5	Wed.		思いがけない出費があるかも。お金の扱いは慎重に。
6	Thu.	●	反論するより受け入れた方が解決に向かいそう。
7	Fri.		体調が悪いなら病院へ。原因が分かると安心。
8	Sat.		慌てずマイペースに過ごすと新しい発見があるかも。
9	Sun.		人の意見ではなく、自分の感覚を信じてみて。
10	Mon.	一粒万倍日 不成就日	曖昧な態度はやめて、イエスかノーを明確にしよう。
11	Tue.	一粒万倍日	こまめに休憩するといい日。睡眠時間を確保して。
12	Wed.		変化のとき。しっかり準備してきたなら大丈夫。
13	Thu.		むやみに出かけるより、家でゆっくりした方が◎。
14	Fri.	◐	食生活の乱れは改善を。栄養バランスを考えよう。
15	Sat.		マイナス思考になりがち。自分を苦しめないで。

16	Sun.		困っている友達がいたら相談にのってあげよう。
17	Mon.		うまくいっていたことが暗転。感情的にならないで。
18	Tue.	不成就日	問題を冷静に分析すれば、解決策が見つかりそう。
19	Wed.		離れていく人は追わなくて大丈夫。流れに任せて。
20	Thu.		欲しい物を買うといいリフレッシュになるはず。
21	Fri.		手間ひまをかけた分だけ結果が得られそう。
22	Sat.	一粒万倍日	遠慮せず、自分の意見を伝えるとみんなハッピーに。
23	Sun.	一粒万倍日	キツイ態度は控えて、どんなときも優しさをもとう。
24	Mon.		周りの人の心遣いに感謝。気力も戻ってきそう。
25	Tue.		買い物に行くときはリストを作って出かけること。
26	Wed.	不成就日	どんなに忙しくても、体調管理は怠らないように。
27	Thu.		疲れが出てきそう。昼寝や休憩で体を労って。
28	Fri.		達成感が味わえる日。夢に向かってさらに邁進を。
29	Sat.	(下弦)	不安に感じていた問題が自然と解決に向かいそう。
30	Sun. 夏越の祓		自分から動くのは控えて、相手に任せてみよう。

新月　上弦　満月　下弦

毎日の運気をチェック!

2024 7 July

努力が報われる月

DATE			
1	Mon.		粘り強さを発揮することが結果につながるはず。
2	Tue.		情報にアンテナを張っておくと後で役立ちそう。
3	Wed.		勇気を出して動けば、未来につながるチャンスに。
4	Thu.	一粒万倍日 不成就日	目標を決めて、達成するまでの道筋を考えてみて。
5	Fri.	一粒万倍日	体のケアをすると◎。湯船にしっかり浸かろう。
6	Sat.		あなたの人柄に惹かれてたくさんの人が集まりそう。
7 七夕	Sun.		慌てるとミスの原因に。チェックを怠らないよう注意。
8	Mon.	一粒万倍日	旧友と連絡をとると、心残りだったことがスッキリ。
9	Tue.		友達や同僚とお茶や会話をする時間を大切にして。
10	Wed.		見られていることを意識して動こう。評価もアップ。
11	Thu.	不成就日	誰もサポートしてくれずに苦戦。帰ってリラックス。
12	Fri.		好きなものを食べると心身ともに元気が出そう。
13	Sat.		外出先で自分勝手な行動をしないように気をつけて。
14	Sun.		時間を気にせず、好きなことを楽しめる１日に。
15	Mon.		休日を充実させよう。平日も元気に頑張れるはず。

16 Tue.		しっかり考えた上で出した結論なら、進めてOK。
17 Wed.	一粒万倍日	疲れが出てきそう。早めに帰宅してリラックスを。
18 Thu.		うれしい誘いがありそう。入念に準備をしておいて。
19 Fri.	不成就日	大切な人とは、きちんと向き合う時間を作ろう。
20 Sat.	一粒万倍日	大事な用件は忘れないよう手帳にメモする習慣を。
21 Sun.		身近な人にうれしいことが。あなたも幸せな気持ちに。
22 Mon.		気の合う仲間と過ごせば憂鬱な気持ちも晴れそう。
23 Tue.		事態が停滞する予感。ひとまず現状を受け入れよう。
24 Wed.		思い当たる節があるなら素直に助言を受け入れよう。
25 Thu.		縁がある人とはまた会えるはず。執着しないように。
26 Fri.		身だしなみをチェック。清潔感を大切にしよう。
27 Sat.	不成就日	しっかりと準備すれば、自信につながるはず。
28 Sun.		思い切って気持ちを伝えると進展する可能性が。
29 Mon.	天赦日 一粒万倍日	適度な運動と健康的な食事で身も心もリフレッシュ。
30 Tue.		意外なところにミスが。細部まで見直して回避。
31 Wed.		耳に痛い言葉も、謙虚な姿勢で受け止めよう。

新月 上弦 満月 下弦

2024 8 August 誘惑が多い月

毎日の運気をチェック!

DATE			
1	Thu.	一粒万倍日	旧友からの頼み事は、即答せずに一度考えてみよう。
2	Fri.		高額な買い物をするなら、一度冷静になって検討を。
3	Sat.		先のことを予測し、10 分前行動を心がけてみて。
4	Sun.	●	冷房の効きすぎに注意。羽織るものを持ち歩こう。
5	Mon.		謙虚な姿勢を心がけると、周囲から救いの手が。
6	Tue.	不成就日	引き出しやクローゼットはこまめに整理しよう。
7	Wed.		うまくいかないときこそ新しい方法で乗り越えて。
8	Thu.		思いがけない出会いが。明るい笑顔で魅力アップ。
9	Fri.		安易に引き受けるのは NG。冷静に考えよう。
10	Sat.		1 週間の疲れが出るかも。昼寝をするとラクに。
11	Sun.	一粒万倍日	注目が集まりそう。家族の意見にも耳を傾けて。
12	Mon.	天赦日	ハメを外さなければ楽しい休日をすごせそう。
13	Tue.	◐	何かと遅れがちに。早めに軌道修正をかけて。
14	Wed.	不成就日	成果が出たら、周囲のサポートに感謝しよう。
15	Thu.		友達と集まると楽しい時間に。はしゃぎすぎないで。

16 Fri.		一粒万倍日	悩みが増えそう。焦らず周りのアドバイスを参考に。
17 Sat.			思い込みで判断せずにしっかり話し合ってみよう。
18 Sun.			いくらお金があっても大きな賭けは控えておこう。
19 Mon.			読書など新たな知識を得られることに時間を使って。
20 Tue.	○		まずは挑戦を。新しい特技が見つかる可能性も。
21 Wed.			相手に合わせっぱなしだと利用されてしまうかも。
22 Thu.		不成就日	普段人に見られないところの手入れもしっかりと。
23 Fri.		一粒万倍日	魅力が輝く日。行く先々でみんなの注目の的に。
24 Sat.			今日は好きなことをして、思う存分週末を楽しもう。
25 Sun.			家族や昔からの友達と、充実した時間を過ごせそう。
26 Mon.	◗		アイデアが浮かぶかも。実現可能か考えてみて。
27 Tue.			難しい状況でも、周りを信頼して挑戦してみよう。
28 Wed.		一粒万倍日	人の話や提案を取り入れると、うまくいく予感。
29 Thu.			気持ちがついていかなそう。目の前のことに集中。
30 Fri.		不成就日	投げ出すことは簡単。リセットして頑張ってみて。
31 Sat.			意識的に栄養のあるものを食べて、頭もすっきり。

● 新月 ◐ 上弦 ○ 満月 ◗ 下弦

毎日の運気を
チェック!

2024 9 September

再挑戦できる月

DATE		
1 Sun.		集中力が途切れてきたら散歩や軽い運動をして。
2 Mon.		粘り強さが突破口に。最後まで諦めないで。
3 Tue. ●		今日は頑張りすぎず、疲れを癒すことを優先して。
4 Wed.	一粒万倍日 不成就日	人気運がアップ。明るい笑顔で周りの人も幸せに。
5 Thu.		スタミナ切れの予感。無理せず人に頼ると吉。
6 Fri.		大切な人と思い出の場所に行くとよりよい関係に。
7 Sat.		新たな動きがありそう。家族や友達と協力して挑戦。
8 Sun.		もう一押ししてみると、結果につながる可能性が。
9 Mon. 重陽の節句		人の意見は頭から否定せず、素直に受け入れてみて。
10 Tue.		相手の反応に違和感があるときは言動を振り返ろう。
11 Wed. ◐		予定が変更になるかも。改めて計画し直せば大丈夫。
12 Thu.	一粒万倍日 不成就日	柔らかい雰囲気を大切にするとスムーズに進みそう。
13 Fri.		買い物運がある日。いいものをお得に買える予感。
14 Sat.		嫌ならきっぱり断った方がお互いのためになるはず。
15 Sun.		体の不調が気になるなら、早めに病院を探そう。

16 Mon.		過去の失敗から学ぶことがありそう。冷静に考えて。
17 Tue. 中秋の名月	一粒万倍日	落ち着いて行動を。ミスがないか目を光らせて。
18 Wed.		上品な服装を心がけると、周囲からの評判も上々。
19 Thu.		周りを引っ張るつもりで率先して動いてみよう。
20 Fri.	不成就日	一息つくことも大事なとき。こまめに気分転換を。
21 Sat.		些細なことでイライラするかも。余裕をもとう。
22 Sun.		気を遣いすぎると失敗しそう。自分に集中して。
23 Mon.		使えなくなったものは、思い切って買い替えを。
24 Tue.	一粒万倍日	好みのタイプに出会ってもまずは友達から始めよう。
25 Wed. ◗		自分の成長を実感できるような場面があるかも。
26 Thu.		自信につながるようなことをすると、やる気が回復。
27 Fri.		人間関係でトラブルが。過去の話はもち出さないで。
28 Sat.	不成就日	素直に気持ちを表現すると相手も喜んでくれそう。
29 Sun.	一粒万倍日	細部までこだわることで、いい成果につながるはず。
30 Mon.		忘れている約束があるかも。手帳を確認してみて。

● 新月 ◐ 上弦 ○ 満月 ◑ 下弦

2024 10 October

毎日の運気をチェック!

吉凶混ざり引きが強い月

DATE				
1	Tue.			自分の成長につながることには積極的に投資して。
2	Wed.			趣味や好きなことに没頭してリフレッシュしよう!
3	Thu.	●	不成就日	相手への思いやりがいい関係性を築くきっかけに。
4	Fri.			どうすべきか悩んだら、まずは1人で考えてみて。
5	Sat.			状況が二転三転。心の準備をしておいた方がよさそう。
6	Sun.		一粒万倍日	アンテナを張っておこう。いい情報が入ってくる予感。
7	Mon.			季節の変わり目で体調が変化。マイペースにいこう。
8	Tue.			熟考した上で決めたことなら、迷わず行動に移して。
9	Wed.		一粒万倍日	健康的な食事を心がけて。食べすぎには注意を。
10	Thu.			忙しくなりそう。周りに必要とされて自信がつく日。
11	Fri.	◐	天赦日 不成就日	迷いが出やすい日。今、結論を出すのは控えて。
12	Sat.		一粒万倍日	古い物や懐かしい物を大事にすることで運気アップ。
13	Sun.			普段は関わらない人と交流を。視野が広がるはず。
14	Mon.			昔ながらのアイデアや考え方に役立つヒントが。
15	Tue.			人の手を借りずに、できることは自分でやろう。

16	Wed.		問題が起こったら、焦らずしばらく様子を見ること。
17	Thu.		余計な一言を言わないように、言動に気をつけよう。
18	Fri.		一歩踏み出すといい日。目標を決めて挑戦してみて。
19	Sat.	不成就日	書店で情報を集めて、未来のために必要な準備を。
20	Sun.		友達に助けられそう。人とのつながりを大切にして。
21	Mon.	一粒万倍日	生活習慣を整えよう。夜は早めに寝るとGOOD。
22	Tue.		人気運がアップ。普段よりおしゃれして家を出よう。
23	Wed.		褒められても自信過剰にならないように注意。
24	Thu.	◗ 一粒万倍日	懐かしい友達に連絡を。会話が弾んで楽しい時間に。
25	Fri.		人を喜ばせることを考えて。いい思い出になるはず。
26	Sat.		勇気を出して想いを伝えると相手も応えてくれそう。
27	Sun.	不成就日	思い込みは捨てて、相手を受け入れてみよう。
28	Mon.		自己中心的な態度は控えて、今日は受け身で。
29	Tue.		夢物語ではなく、実現可能なプランを練ろう。
30	Wed.		目標を達成するには、コツコツ積み重ねるのが一番。
31	Thu.		今日は無理せずに一緒にいて楽しい人と過ごそう。

● 新月 ◖ 上弦 ○ 満月 ◗ 下弦

2024 **11** *November*

毎日の運気をチェック!

振り返ってみる月

DATE			
1	Fri.	●	迷っていたことがあるなら、今日が決断のとき。
2	Sat.	一粒万倍日	競争相手がいるとやる気に。準備を怠らないように。
3	Sun.		周りが期待しているあなたを演じる意識をもつと◎。
4	Mon.	不成就日	空気を読んで状況に合わせた発言を心がけよう。
5	Tue. 一の酉	一粒万倍日	同じ業界の人と交流するとヒントがもらえるはず。
6	Wed.		いい評価がもらえそう。喜びを思い切りかみしめて。
7	Thu.		なるべく穏やかに過ごそう。帰宅は早めに。
8	Fri.		自己主張はせず、流れに身を任せるのがベター。
9	Sat.	◐	直してほしいところを伝えるときは言い方を考えて。
10	Sun.		軽口に気をつけて。相手はまともに受け取るかも。
11	Mon.		自分と違う意見を取り入れると世界が広がるはず。
12	Tue.	不成就日	本当に実現可能なのか、計画を見直してみよう。
13	Wed.		厳しい言葉が成長につながる日。素直に受け止めて。
14	Thu.		メンタルダウンに注意を。癒しの時間を大切に。
15	Fri.		今夢中になっていることに情熱を注ぐと運気アップ。

16	Sat.		楽しむのはいいけどやるべきことが終わってから。
17 二の酉	Sun.	一粒万倍日	昔もらった助言を思い出して、今に活かしてみて。
18	Mon.	一粒万倍日	今までより１段階レベルが高いことに挑戦を。
19	Tue.		周りの人の厚意は素直に受け取るようにしよう。
20	Wed.	不成就日	優しい言葉にだまされず、相手の真意を探ってみて。
21	Thu.		悪いところを改善する努力を。成長のチャンスに。
22	Fri.		判断力が鈍りそう。頑固な態度にならないよう注意。
23	Sat.	下弦	みんなと協力すれば、きっと成功間違いなし。
24	Sun.		自分がどう思われているか客観的な意見を聞くこと。
25	Mon.		今日は直感で選んだことを大切にしてみよう。
26	Tue.		体調を整えたい日。調子が悪いなら早めに帰宅を。
27	Wed.		少々わがままに振る舞っても大目に見てもらえそう。
28	Thu.	不成就日	適当な嘘でごまかすのでなく、正直さを大切に。
29 三の酉	Fri.	一粒万倍日	昔話が会話のきっかけに。いい思い出を共有して。
30	Sat.	一粒万倍日	プレゼントは相手の好みをリサーチしてから選ぼう。

2024 12 December

毎日の運気をチェック!

運気が低迷する月

DATE			
1	Sun.		些細なことは見逃すくらいの器の大きさが大切。
2	Mon.		希望がうまく伝わっていないかも。確認はしっかり。
3	Tue.		納得いかないことでも今日は素直に受け入れよう。
4	Wed.		周りに迷惑をかけないよう、控えめな態度に徹して。
5	Thu.	不成就日	クリスマスの準備を開始。相手の希望を聞いてみて。
6	Fri.		うまくいかなくても、理解しようとする姿勢が大切。
7	Sat.		大きな決断は、細部までしっかりチェックしてから。
8	Sun.		用事を詰め込みすぎないよう注意。こまめに休憩して。
9	Mon.		買い物が楽しいとき。流行アイテムを押さえると◎。
10	Tue.		笑い声は控えめに。時と場所を考えよう。
11	Wed.		助けてくれる人が現れそう。次は自分がサポートに。
12	Thu.		お金の見直しを。いろいろな可能性を検討してみて。
13	Fri.	一粒万倍日 不成就日	いくら楽しくても、周りに迷惑をかけないよう注意。
14	Sat.	一粒万倍日	やるべきことが増えそう。無理せず流れに任せて。
15	Sun.		うまくいかない日。多くを望まず穏やかに過ごそう。

16	Mon.			自分の間違いに気づいたら、潔く非を認めよう。
17	Tue.			わかり合う努力をすると新しい道が開けるはず。
18	Wed.			何事もいい面に意識を向けて取り組んでみて。
19	Thu.			イライラしたら、身の回りの整理をしてみよう。
20	Fri.			体調の変化に気をつけて、適度にストレスを発散して。
21 冬至	Sat.		不成就日	多くを求めるのはやめよう。今あるもので満足を。
22	Sun.			人間関係のトラブルに巻き込まれたら中立を保って。
23	Mon.	◗		ため込んだデータや書類をわかりやすく整理しよう。
24	Tue.			イブは運気が好調。自信をもってアプローチを。
25	Wed.		一粒万倍日	穏やかなクリスマス。大切な人と楽しく過ごせそう。
26	Thu.		天赦日 一粒万倍日	意見を伝えることで相手の本音を引き出せるかも。
27	Fri.			10 分前行動を心がけると、慌てなくて済むはず。
28	Sat.			来年の目標ややりたいことを書き出してみよう。
29	Sun.		不成就日	自分の責任をきちんと果たすと充実した 1 日に。
30	Mon.			今年の疲れが出そう。今日はゆっくり体を休めて。
31 大晦日	Tue.	●		来年に向けて新たな目標を定め、締めくくろう。

● 新月 ◖ 上弦 ○ 満月 ◗ 下弦

OTHER PROFILE

他の天星のプロフィール

天星は全部で12タイプ。
自分以外の天星についても知って、
人付き合いに役立ててくださいね。

Profile

載っていること

- 基本性格
- 各天星のトリセツ
- 2024年の開運のカギ
- 開運色・アイテム・スポット
- 2024年の開運相性
- その星から見た基本の相性

MOON

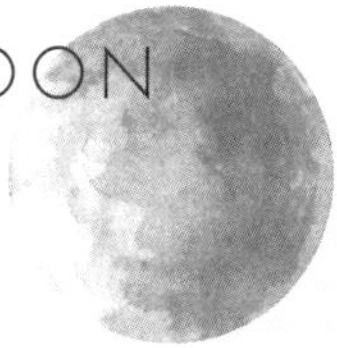

柔らかな愛と
“繊細な光のエネルギー”をもつ

月グループ

バランス感覚と
“自然な光のエネルギー”をもつ

地球グループ

EARTH

秘めたパワーと
“情熱の光のエネルギー”をもつ

太陽グループ

SUN

満月

情にあふれたロマンチスト

基本性格

想像力が豊かで温かい心をもったロマンチストな反面、冷静で現実主義的に考える面ももち合わせているタイプ。周囲の人を気遣い、困っている人を放っておけない優しさがあるため、知らないうちに気疲れしてしまいがちです。安心してのんびりできる居場所を用意して、自分を癒すことも大切に。

満月のトリセツ

⬆好きなこと・喜ぶこと

- 温泉にゆったり浸かる
- サプライズ（する、される）
- 喜んでくれる人、素直な人
- 好きなだけ寝ること
- 趣味や遊びの共有
- 優しい言葉をかけられる

⬇嫌がること・ストレスになること

- 余裕がない状況
- 不安や心配を抱え込む
- 競争、戦い
- 無視や仲間はずれ
- 威圧的な態度
- 否定的な人、無神経な人

2024年の開運のカギ

やるといいこと	生活に運動や筋トレを取り入れる
気をつけるべきこと	オン・オフの切り替え、自律神経を整える

2024年の開運相性

恋愛運を上げる天星	仕事運をのばす天星	金運をのばす天星
満月 × 上弦の月	満月 × 満月	満月 × 夕焼け

基本の開運色
紫

2024年の開運色
ミントグリーン

2024年の開運アイテム
手帳型スマホケース

2024年の開運スポット
フラワーパーク

天星タイプ別 基本の相性

満月 × 満月 ★★★★★	満月 × 大陸 ★★★☆☆
満月 × 上弦の月 ★★★★★	満月 × 海 ★☆☆☆☆
満月 × 下弦の月 ★★★★☆	満月 × 朝日 ★★☆☆☆
満月 × 新月 ★★★★☆	満月 × 真昼 ★★★★☆
満月 × 空 ★★★☆☆	満月 × 夕焼け ★★★★☆
満月 × 山脈 ★★★☆☆	満月 × 深夜 ★☆☆☆☆

上弦の月

無邪気で警戒心の強い癒し系

基本性格

美的感覚が鋭く、慎重そうに見えて直感型のタイプ。警戒心は強いですが根が純粋なので、いい人だなと感じるとすぐ信じてしまうことも。仲がいいと無意識のうちにわがままになりやすく、愛が感じられないと不安定になる一面も。自分を認めてくれ、安らぎをくれる人といることが開運につながります。

上弦の月のトリセツ

⬆好きなこと・喜ぶこと

- 好きな人と過ごすこと
- 優しく気遣われること
- お姫様、王子様扱い
- 安心できる場所や人
- すぐ返信、すぐ対応
- 親しい人との飲み

⬇嫌がること・ストレスになること

- 放置される、既読スルー
- 頑張りを評価されないこと
- 人と比べられること
- 突然のお誘い
- アウェイな場所
- 思い通りにいかない環境

2024年の開運のカギ

やるといいこと	好きなことに没頭する
気をつけるべきこと	胃の不調。休息をしっかりとる

2024年の開運相性

恋愛運を上げる天星	仕事運をのばす天星	金運をのばす天星
上弦の月 × 満月	上弦の月 × 真昼	上弦の月 × 空

基本の開運色
白

2024年の開運色
トマトレッド

2024年の開運アイテム
パワーストーン

2024年の開運スポット
水がキレイな場所

天星タイプ別 基本の相性

上弦の月 × 満月 ★★★★★	上弦の月 × 大陸 ★★★☆☆
上弦の月 × 上弦の月 ★★★★☆	上弦の月 × 海 ★★★★☆
上弦の月 × 下弦の月 ★☆☆☆☆	上弦の月 × 朝日 ★★★★☆
上弦の月 × 新月 ★★☆☆☆	上弦の月 × 真昼 ★★★★☆
上弦の月 × 空 ★★☆☆☆	上弦の月 × 夕焼け ★★★★☆
上弦の月 × 山脈 ★★☆☆☆	上弦の月 × 深夜 ★★☆☆☆

下弦の月

ノリで勝負な愛嬌の達人

基本性格

好奇心旺盛で大器晩成型の気質をもち、出世するタイプ。仲よくなると気さくで、興味があることであれば臨機応変に対応できるなど順応性は高め。ただし飽きっぽくて集中力のないところがあり、興味のない話は聞いている風。根は明るく少し抜けている天然タイプですが、そこが大きな魅力です。

下弦の月のトリセツ

⬆好きなこと・喜ぶこと

- 好きな人たちからの応援
- 家族にほめられること
- 可能性を広げてくれる人
- 無添加や体によいもの
- 一流に触れること
- 自分を尊重してくれる人

⬇嫌がること・ストレスになること

- 否定されること
- 間違いを正されること
- 忘れないでと強制される
- 孤独感
- 「好き」を共感されない
- 責任を問われること

2024年の開運のカギ

やるといいこと	責任をもって何事も最後までやり抜く
気をつけるべきこと	キツイ口調や上辺だけの返事

2024年の開運相性

恋愛運を上げる天星	仕事運をのばす天星	金運をのばす天星
下弦の月 × 空	下弦の月 × 大陸	下弦の月 × 真昼

基本の開運色
黄色

2024年の開運色
ピンクベージュ

2024年の開運アイテム
財布

2024年の開運スポット
神社仏閣

天星タイプ別 基本の相性

下弦の月 × 満月 ★★☆☆☆	下弦の月 × 大陸 ★★★★★
下弦の月 × 上弦の月 ★★★★☆	下弦の月 × 海 ★★★★☆
下弦の月 × 下弦の月 ★★★☆☆	下弦の月 × 朝日 ★☆☆☆☆
下弦の月 × 新月 ★☆☆☆☆	下弦の月 × 真昼 ★★★☆☆
下弦の月 × 空 ★★★★☆	下弦の月 × 夕焼け ★★★★☆
下弦の月 × 山脈 ★★★☆☆	下弦の月 × 深夜 ★★★★★

新月

想像力が豊かな寂しがり屋

基本性格

想像力が豊かでクリエイティブな発想に優れています。芸術的センスも抜群。本心を隠す傾向があり、警戒心が強い反面、本質は寂しがり屋です。心を許せる相手には本当の自分をさらけ出すことができます。自分の信念をもち、知識や能力を高めることに集中するといい方向にいくでしょう。

新月のトリセツ

⬆好きなこと・喜ぶこと

- マメな連絡、情報の共有
- 記念日を大切にすること
- 真剣な話し合い
- 気にかけてくれる人
- 好きなものを写真に収める
- 自分の考えに寄り添う人

⬇嫌がること・ストレスになること

- いい加減な態度
- 既読スルー
- 苦しみを分かち合えない
- 場を乱す人
- SOSを見過ごされる
- ひとりぼっちにされる

2024年の開運のカギ

やるといいこと	感動体験やワクワクすることをしてみる
気をつけるべきこと	自信をなくさない

2024年の開運相性

恋愛運を上げる天星	仕事運をのばす天星	金運をのばす天星
新月×深夜	新月×夕焼け	新月×朝日

基本の開運色
銀色

2024年の開運色
エメラルドグリーン

2024年の開運アイテム
ピンキーリング

2024年の開運スポット
星空がキレイな場所

天星タイプ別 基本の相性

新月×満月 ★★★★☆	新月×大陸 ★★★☆☆
新月×上弦の月 ★★★★☆	新月×海 ★★★★☆
新月×下弦の月 ★★☆☆☆	新月×朝日 ★★★★★
新月×新月 ★☆☆☆☆	新月×真昼 ★★★★☆
新月×空 ★★★★☆	新月×夕焼け ★☆☆☆☆
新月×山脈 ★★☆☆☆	新月×深夜 ★★★★☆

空

包容力豊かな頑張り屋さん

基本性格

面白そうなことが大好きで、寛大な心のもち主。面倒見がよく困っている人を放っておけず、つい張り切ってしまうタイプ。自分に自信がないため人と比べ落ち込むと愚痴が多めに。どこか抜けていてツメが甘い面がある一方、仕事と恋愛の両立も得意な頼れるマルチプレーヤー。見栄っ張りで身内に冷たくなる傾向も。

空のトリセツ

⬆好きなこと・喜ぶこと

- いきつけの場所に行く
- 手土産（もらう、あげる）
- 気の合う人と食事＆談笑
- 自慢できる環境
- 満足感がある買い物
- お茶の時間

⬇嫌がること・ストレスになること

- 注意されること
- プライドを傷つけられる
- 仕事を邪魔される
- 異性関係に口出しされる
- すぐに対応しない人
- 待たされること

2024年の開運のカギ

やるといいこと	食のバランスを大切にし、欲を制御
気をつけるべきこと	体の不調のサインを見過ごさない

2024年の開運相性

恋愛運を上げる天星	仕事運をのばす天星	金運をのばす天星
空×下弦の月	空×朝日	空×上弦の月

基本の開運色
水色

2024年の開運色
白

2024年の開運アイテム
キーケース

2024年の開運スポット
レトロな喫茶店

天星タイプ別 基本の相性

空×満月 ★★★☆☆	空×大陸 ★★☆☆☆
空×上弦の月 ★★★★☆	空×海 ★★★★☆
空×下弦の月 ★★★★☆	空×朝日 ★★☆☆☆
空×新月 ★★☆☆☆	空×真昼 ★★★★☆
空×空 ★★★★★	空×夕焼け ★★☆☆☆
空×山脈 ★★★★☆	空×深夜 ★★★★★

山脈

平和主義なお茶目さん

基本性格

1つひとつ着実に自信をつけ、協調性を重んじる安定志向タイプ。興味をもてない人付き合いは面倒に思いがちですが、周りを和ませる愛嬌があり、実は幅広い交友関係を築ける社交性を隠しもっています。ドライなリアリストで論理的な面も。ほめられたり、認められることで大きく成長します。

山脈のトリセツ

⬆好きなこと・喜ぶこと

- 自然なほめまくり攻撃
- 自分の目標をクリア！
- 自分のペースで進行
- お得を感じること
- 趣味に没頭できること
- レアな物、価値がある物

⬇嫌がること・ストレスになること

- 面倒くさいこと
- 自分に無関係な話
- 効率が悪いこと
- タスクが終わらない状況
- 騒がしい場所や大きな音
- 非常識なこと

2024年の開運のカギ

やるといいこと	1人の時間やリフレッシュを大切に
気をつけるべきこと	自分にも人にも厳しくしない

2024年の開運相性

恋愛運を上げる天星	仕事運をのばす天星	金運をのばす天星
山脈 × **海**	山脈 × **山脈**	山脈 × **大陸**

基本の開運色
緑

2024年の開運色
黄色

2024年の開運アイテム
トートバッグ

2024年の開運スポット
緑が多く静かな場所

天星タイプ別 基本の相性

山脈 × 満月
★★★☆☆

山脈 × 上弦の月
★★☆☆☆

山脈 × 下弦の月
★★★★★

山脈 × 新月
★☆☆☆☆

山脈 × 空
★★★★☆

山脈 × 山脈
★★★★☆

山脈 × 大陸
★★☆☆☆

山脈 × 海
★★★☆☆

山脈 × 朝日
★★★★☆

山脈 × 真昼
★☆☆☆☆

山脈 × 夕焼け
★★★☆☆

山脈 × 深夜
★★★☆☆

海

二面性を隠しもった完璧主義者

基本性格

広く穏やかな海のように優しい雰囲気をもつ反面、完璧主義で深い海のように底知れぬ野心を隠しもっているタイプ。奥深くには、自分を守る強力な保護があり、自分軸が強め。人を信用するまで時間がかかります。自分でも自覚できていない思い込みや思考の癖をもつ実は頑固な人。本音を語らず、少々ドライな一面もあります。

海のトリセツ

⬆好きなこと・喜ぶこと

- 特別扱いされること
- 若く見られほめられること
- 丁寧にお礼を言われる
- ツボを押さえたほめ言葉
- 理解してもらえること
- 秘密を共有した優位な状況

⬇嫌がること・ストレスになること

- 自分のルールを変えること
- 人前で怒られること
- 自分をさらけ出すこと
- 短所を指摘してくる人
- 土足で踏み込まれること
- 思い通りにならないこと

2024年の開運のカギ

やるといいこと	謙虚な気持ちで心からの感謝をする
気をつけるべきこと	自分の固定観念に捉われない

2024年の開運相性

恋愛運を上げる天星	仕事運をのばす天星	金運をのばす天星
海×真昼	海×深夜	海×朝日

基本の開運色
青

2024年の開運色
オレンジ

2024年の開運アイテム
ゴールドピアスイヤリング

2024年の開運スポット
動物がいる場所

天星タイプ別 基本の相性

海×満月 ★★☆☆☆	海×大陸 ★★★☆☆
海×上弦の月 ★☆☆☆☆	海×海 ★☆☆☆☆
海×下弦の月 ★★★☆☆	海×朝日 ★★★☆☆
海×新月 ★★☆☆☆	海×真昼 ★★★☆☆
海×空 ★★★★☆	海×夕焼け ★☆☆☆☆
海×山脈 ★★★★☆	海×深夜 ★★★★★

朝日

自由気ままな気分屋さん

基本性格

マイペースで冒険心旺盛、楽しいことが大好き。実は人見知りですが、趣味やノリが同じ人とはすぐに仲よくなれます。根は無邪気で、意外に単純。枠にはまらず自由に生きたいという願望も。飽きっぽいですが、気分がのれば驚くほどの行動力を発揮し、周りを驚かせることもあります。

朝日のトリセツ

⬆好きなこと・喜ぶこと

- 自由な自分の時間
- 好きなことをやれる環境
- 優位に立てる状況
- 尊敬されること
- ゲームや漫画タイム
- 趣味やノリが同じこと

⬇嫌がること・ストレスになること

- 強制されること
- ルールを無視する人
- 細かい指示や確認作業
- 自分の時間を邪魔する人
- 比べられたりバカにされる
- 逃げ場がないこと

2024年の開運のカギ

やるといいこと	スマホより目の前の相手を大切に
気をつけるべきこと	ケガ。損得勘定で物事を決めない

2024年の開運相性

恋愛運を上げる天星	仕事運をのばす天星	金運をのばす天星
朝日 × 山脈	朝日 × 空	朝日 × 新月

基本の開運色
蛍光色

2024年の開運色
ゴールド

2024年の開運アイテム
帽子

2024年の開運スポット
歴史を感じる場所

天星タイプ別 基本の相性

朝日 × 満月 ★★☆☆☆	朝日 × 大陸 ★★★★★
朝日 × 上弦の月 ★★★★☆	朝日 × 海 ★★★☆☆
朝日 × 下弦の月 ★☆☆☆☆	朝日 × 朝日 ★★★★☆
朝日 × 新月 ★★★★☆	朝日 × 真昼 ★★★★☆
朝日 × 空 ★☆☆☆☆	朝日 × 夕焼け ★★☆☆☆
朝日 × 山脈 ★★★★☆	朝日 × 深夜 ★★☆☆☆

★真昼★

自由主義な行動派

基本性格

穏やかそうに見えますが、物事を先取りする直感やスピード感があり、考えるより先に行動する人。好き嫌いをハッキリと主張し、何事にも直球で短期決戦を好みます。いったん相手を信頼すると急激に距離を縮め、友達の輪をどんどん広げるなど、人との縁で自分を発展させられるタイプです。

真昼のトリセツ

⬆好きなこと・喜ぶこと

- 冒険や海外旅行
- 「さすが!」という言葉
- ベタなセリフ
- 自分に従ってくれる
- 高級品やブランド
- 努力する自分

⬇嫌がること・ストレスになること

- 自分のペースを崩される
- 待たされること
- 長期戦
- 優柔不断な人
- 細かく聞いてくる人
- 予定を把握されること

2024年の開運のカギ

やるといいこと	日常に運動を取り入れた健康な体づくり
気をつけるべきこと	感情的にならない。戦わない

2024年の開運相性

恋愛運を上げる天星	仕事運をのばす天星	金運をのばす天星
真昼×海	真昼×上弦の月	真昼×下弦の月

基本の開運色
橙色

2024年の開運色
茶色

2024年の開運アイテム
メガネ
サングラス

2024年の開運スポット
鳥の鳴き声が
聞こえる場所

天星タイプ別 基本の相性

真昼×満月 ★★☆☆☆	真昼×大陸 ★★☆☆☆
真昼×上弦の月 ★★★★☆	真昼×海 ★★★☆☆
真昼×下弦の月 ★★★☆☆	真昼×朝日 ★★★★☆
真昼×新月 ★★★☆☆	真昼×真昼 ★☆☆☆☆
真昼×空 ★★★★★	真昼×夕焼け ★★☆☆☆
真昼×山脈 ★★★★☆	真昼×深夜 ★★☆☆☆

夕焼け

悠然としている頑張り屋さん

基本性格

強い信念をもち、一度目標を決めると秘めたパワーで突き進み、頑張る姿を人に見せたがらない、コツコツマイペースな陰の努力家です。壁があるように見えますが、意外と単純。要領がよく、根拠のない自信をもち合わせています。思考は論理的。実は打たれ弱く、少し短気な面も。好き嫌いがわかりやすい人です。

夕焼けのトリセツ

⬆好きなこと・喜ぶこと

- 包容力のある人に包まれる
- 得意なことをほめられる
- 過去の栄光への称賛
- 自分を好きな仲間といる
- 刺激を得ること
- マッサージ

⬇嫌がること・ストレスになること

- バカにされること
- 高圧的な態度や発言
- 自分を否定する人
- 不安にさせる言葉
- パーソナルスペースに入られること
- ダメ出し

2024年の開運のカギ

やるといいこと	家の中を整理し居心地のよい空間に
気をつけるべきこと	連絡は即レスを心がけ、溜めない

2024年の開運相性

恋愛運を上げる天星	仕事運をのばす天星	金運をのばす天星
夕焼け×大陸	夕焼け×新月	夕焼け×満月

基本の開運色
桜色

2024年の開運色
紫

2024年の開運アイテム
お香

2024年の開運スポット
懐かしさを感じる場所

天星タイプ別 基本の相性

夕焼け×満月 ★★★	夕焼け×大陸 ★★★★
夕焼け×上弦の月 ★★	夕焼け×海 ★★★★
夕焼け×下弦の月 ★★★	夕焼け×朝日 ★★
夕焼け×新月 ★	夕焼け×真昼 ★★
夕焼け×空 ★★	夕焼け×夕焼け ★★★★
夕焼け×山脈 ★★★★	夕焼け×深夜 ★★★★★

深夜

束縛を嫌う個性豊かな変わり者

CHARACTER KEYWORD

- 独創性豊かな星
- 個性たっぷりの星
- ユニークな星
- 自由が好きな星
- あまのじゃくの星

基本性格

独特の感性や個性をもち、不思議な雰囲気をまとっています。自分のペースや世界を大切にし、我が道を進むタイプで、本当に好きなことは納得いくまでレベルを上げる頑張り屋。意地っ張りな面もあり、なかなか本心を伝えることができませんが、理解してくれる相手には深い愛情を注ぎます。

深夜のトリセツ

⬆好きなこと・喜ぶこと

- 自分だけの時間と空間
- パワースポット巡りの旅
- 楽しい毎日を送ること
- 本能に従って生きること
- うまく立ててもらうこと
- 休息をとること

⬇嫌がること・ストレスになること

- 根掘り葉掘り聞かれること
- 無駄なこと
- 状況を説明すること
- 偉そうな態度や人
- 束縛されること
- やりたいことを阻まれる

2024年の開運のカギ

やるといいこと	やりたいことリストを作る
気をつけるべきこと	紛失注意。データはバックアップを

2024年の開運相性

恋愛運を上げる天星	仕事運をのばす天星	金運をのばす天星
深夜×新月	深夜×深夜	深夜×海

基本の開運色
茶色

2024年の開運色
緑

2024年の開運アイテム
ブレスレット

2024年の開運スポット
温泉地

天星タイプ別 基本の相性

深夜×満月 ★★☆☆☆	深夜×大陸 ★★★☆☆
深夜×上弦の月 ★★★★☆	深夜×海 ★★★☆☆
深夜×下弦の月 ★★★★★	深夜×朝日 ★★★★☆
深夜×新月 ★★☆☆☆	深夜×真昼 ★☆☆☆☆
深夜×空 ★★★☆☆	深夜×夕焼け ★★★☆☆
深夜×山脈 ★★★★☆	深夜×深夜 ★★★☆☆

★★★天星別 特徴

RANKING

誘惑に弱い天星ベスト3

★1位★
空

誘惑したりされたり、流されやすく、ミーハー気質で、欲に負けやすい傾向あり。

★2位★
大陸

情にもろく、押しにも弱め。基本的には好きな人としか一緒にいたくないタイプ。

★3位★
上弦の月・山脈

錯覚が入りやすく騙されやすい上弦の月と、楽しくなるとワクワクが止められない山脈。

考えすぎてしまう天星ベスト3

★1位★
満月

自分に自信がなく、実は気にしい。大丈夫かどうか些細な言動に敏感に反応し、スローダウン。

★2位★
上弦の月

一度気になると、解決するまでモヤモヤ考え、こんがらがって、我慢しすぎて体調ダウン。

★3位★
新月・真昼・深夜

妄想モードで心が弱りやすい新月。考える方向がズレやすい真昼。生きづらさを感じる深夜。

ケチな天星ベスト3

★1位★
山脈

節約家で貯金が趣味。人にはお金を使いたくないが、自分の欲しいものには投資。

★2位★
深夜

合理性を考えて基本ワリカン。誰かのために使う概念はないが、自分に利があるなら惜しみなく使う。

★3位★
夕焼け

お金には細かく現実的。損得勘定が敏感に働く。自分のためだと金銭感覚が疎くなりがち。

ランキング

人を信用しない天星ベスト3

1位 海

基本的に自分を守る。人は全員嘘つき、裏切ると過去の経験から決めつけていて、警戒している。

2位 新月

直感でピンとこなければ心を開かない。相手を警戒し、いろんな角度から探る。会話する時間次第。

3位 下弦の月・大陸

どちらも人は好き。上辺を合わせじっくり吟味する下弦の月。熱く語り価値観の一致で深まる大陸。

不安にさせてはいけない天星ベスト3

1位 新月

ネガティブスイッチあり。実はカマチョさんタイプ。何もかも嫌になると、殻に閉じこもる傾向が。

2位 夕焼け

強がっていても実は心配性。常に不安あり。空回りすると余裕がなくなり不満爆発。

3位 上弦の月・下弦の月

安心しないと落ち着かない上弦の月。不安から不満になりシャットダウンして逃げたくなる下弦の月。

見栄っ張りな天星ベスト3

1位 朝日

ついつい大人のふりをしてカッコつけがち。余裕がなくても後輩には自分のおかげだと演出。

2位 空

自分をよく見せるために無意識に取り繕ってしまい、持ち物や人脈でもちょっと自慢しがち。

3位 下弦の月・真昼

憧れられたい下弦の月、先取りしすぎな真昼、どちらも高級や一流といったステータスに弱め。

EPILOGUE

★ おわりに ★

最後まで読んでいただき、ありがとうございます。

今年、今月、今日
“今”がどんな流れ《リズム》なのかを描いた

―天星術第四ステージ―
『星ひとみの天星術2024』いかがでしたでしょうか。

天星、天星ナンバー、様々な性質
沢山の星と、光と影。

本書を通じて、今この瞬間を知る。

自分の知らない側面に気づいたならば
すべてはチャンスに変わります。

『運命は変えられる』
私はそう信じています。

今の自分はどんな流れにあるのか
今は何をするのがベストなのか。

「天星術」を知り、運気のリズムに乗れば、あなたが描いた未来に
たくさんの笑顔が舞い込んできます。

2024年という1年、そしてこの1日を、
どう過ごしていこうかと悩んだとき、
迷ったときに、そっと開き参考にしてみてください。

「天星術占い、それは人生の道しるべ」

影の時期でも大丈夫。
決して怖がらず、
間違えたっていいんです。
間違えたからこそ見える世界もある。

雨が降るなら傘を持って
雪が降るなら装備ができる
あなたの歩む道のり
どんな地図も描いてゆけます。

今年1年の
あなたの人生に訪れる“光と影”。
本書から読みとり、どう感じ、どう捉えるか。

どんな瞬間も、
たとえ今見える景色がどんな世界でも、
あなたが生きているこの1秒は
これからの人生で一度しか見られない景色となる。

運気は、世界は、刻々と変わっていきます。
限られた生命、限られた時間。

あなたは
誰と過ごしたいですか?
何をしたいですか?

できることならば、皆様一人ひとりにお会いしたい気持ちですが
私が今、皆様のためにできることは何か
できる限りのエネルギーを皆様に届けられるように

たくさんの方々に光が届くように願いを込め、
各天星、天星ナンバーごと、赤白と一人ひとりの皆様に、
さらに深く届くよう、
細かく書かせていただきました。

本書を通じて、少しでも皆様の
お手伝いができたのなら幸いです。

ゆっくり深呼吸し
心を落ち着かせて。

小さな光を感じられるように
今あるすべてに感謝を。

あなたは幸せになれる人。

2024年

もう一度自分を信じ
もう一度幸せの選択を。

「天星術」

いつも心のそばに。
今年もあなたのお守りに。

皆様が少しでも素晴らしい1年を送れるよう
お祈りいたします。

あなたは“大丈夫”

それではまたお会いしましょう。

2023年 10月吉日　星ひとみ

STAFF

編集協力
高橋尚子
［KWC］
安井桃子、杉本真理、長谷和希子、
阿部雅美、梶原知恵、西島 恵

アートディレクション
松浦周作
[mashroom design]

ブックデザイン
石澤 縁
[mashroom design]

イラスト
miya

企画協力
中込圭介
［Gオフィス］
Star Eyes

本書カレンダー記載の祝日・休日は2023年10月現在のものです。
法律の改正等により変更になる場合があります。

PROFILE

星ひとみ

（ほし・ひとみ）

占い師。巫女の血筋をもつ家系に生まれる。東洋占星術や統計学、心理学などをもとにしたオリジナル運勢鑑定法「天星術」の開祖である。生まれながらの力と経験による知識から導き出す鑑定は圧倒的な的中率で人気を集め、各界に多くのファンをもつ。著書に『星ひとみの天星術』（小社）、『星ひとみの天星術超図鑑』『運気を金にする　幸せ上手さん習慣GOLD』（ともに小学館）などがある。

星ひとみオフィシャルブログ「Star Eye's」

星ひとみInstagram

@hoshi_hitomi722

星ひとみ事務局Instagram

@hoshi_hitomi_staff

StarEyes×YAMASAN

星ひとみの天星術2024
大陸〈地球グループ〉

2023年10月25日　第1刷発行

著者　星ひとみ
発行人　見城 徹
編集人　菊地朱雅子
編集者　有馬大樹　三宅花奈　茂木 梓

発行所　株式会社 幻冬舎
〒151-0051
東京都渋谷区千駄ヶ谷4-9-7
電話 03(5411)6211[編集]
03(5411)6222[営業]

公式HP https://www.gentosha.co.jp/
印刷・製本所　中央精版印刷株式会社

検印廃止

ISBN978-4-344-04178-3 C0095

この本に関するご意見・ご感想は、
下記アンケートフォームからお寄せください。
https://www.gentosha.co.jp/e/